AF154802

Rudolf Zimmermann

Der deutschen Heimat Kriechtiere und Lurche

bremen university press

Rudolf Zimmermann

Der deutschen Heimat Kriechtiere und Lurche

ISBN/EAN: 9783955620547

Auflage: 1

Erscheinungsjahr: 2013

Erscheinungsort: Bremen, Deutschland

@ Bremen-university-press in Access Verlag GmbH, Fahrenheitstr. 1, 28359 Bremen. Alle Rechte beim Verlag und bei den jeweiligen Lizenzgebern.

bremen
university
press

Der deutschen Heimat
Kriechtiere und Lurche

von

Rud. Zimmermann

Mit 40 Abbildungen nach photographischen Naturaufnahmen
des Verfassers (auf 1 Tafel und im Text)

Stuttgart 1908
Fritz Lehmann, Verlag

Vipera berus (L.), Kreuzotter
Aus der Ruhelage zur Flucht übergehend und infolge der Störung
durch den Photographen den Kopf bissbereit nach vorn gerichtet

Vipera berus (L.), Kreuzotter
Die gleiche Schlange wie auf der vorigen Abbildung, die auf der Flucht
etwa 2 m von dem ersten Orte entfernt, zur Verteidigungsstellung veranlasst wurde. Man beachte den auf der Abbildung deutlich hervortretenden, scharf abgesetzten Schwanz

Inhalts-Verzeichnis.

Bufo vulgaris, Laur., Graue Kröte.

Ich mochte etwa 10 Jahre alt sein, als ich auf
einem Streifzuge durch den heimischen Forst auf eine
Schar älterer Knaben stiess, die eine buntfarbige Eidechse an einen langen Faden geknüpft hatten und
diesen mit dem lebhaft zappelnden Tierchen lassoartig
in der Luft kreisen liessen, um dann das letztere in
regelmässiger Folge auf den Boden aufzuschleudern.
Meine Bitte, dem armen, gequälten Tiere die Freiheit
zu geben, beantworteten sie lachend mit dem Hinweis
auf seine „Giftigkeit", und mein weiteres energisches
Drängen, in das sich allerdings auch einige jugendlich
unbedachte Schimpfworte mischten, quittierten sie mit
einer tüchtigen Tracht Prügel.

Diese Prügel, die ich damals für meine tierschütz-
lerischen Absichten erhielt, sind nun zwar längst ver-
schmerzt, der Vorfall selbst aber nicht vergessen. Er

steht mir noch immer in der Erinnerung, als hätte er
sich erst gestern ereignet, und er ist es auch gewesen,
der den unmittelbarsten Ansporn zu meiner nachfol-
genden Arbeit gegeben hat. Denn seit jenem Tage
habe ich die Kriechtiere und Lurche ganz besonders
in mein Herz geschlossen und als Knabe schon nahm
ich mir vor, einmal ein „grosses Buch" für unsere ver-
achtetste und verkanntetste Tierklasse, über Schlangen
und Eidechsen, Molche und Kröten zu schreiben. Ein
„grosses Buch" ist das nun freilich nicht geworden,
das ich heute in die Welt hinausschicke, ein „grosses"
und infolgedessen auch teures Buch durfte es ja auch
gar nicht werden, wenn es in die weitesten Kreise des
Volkes dringen soll. Und das erstrebt meine Arbeit.

Sie will in erster Linie den Naturfreund in die Kenntnis
der deutschen Kriechtiere und Lurche einführen und ihn
in den Stand setzen, ihre Arten rasch und sicher zu
unterscheiden. Aus diesem Zweck des Buches ergab
sich auch die Anordnung des Textes, die etwas ab-
weichend ist von dem allgemeinen Plan des „Natur-
lebens". Immerhin bin ich bestrebt gewesen, den rein
beschreibenden Teil auf das denkbar geringste Mass zu
beschränken und die einzelnen Ordnungen, Familien,
Gattungen und Arten hauptsächlich nach ihren äusseren,
sofort ins Auge fallenden Kennzeichen zu charakterisieren.
Ein Eingehen auf die anatomischen Verhältnisse und
Unterschiede wurde, nicht zum wenigsten auch im
Hinblick auf den verfügbaren Raum, unterlassen oder
geschah, wo sich dies nötig machte, in nur knappen
Worten. Von dem neuesten Stande der Systematik
habe ich mir insofern mit Absicht eine Abweichung
gestattet, als ich unter den Reptilien die Schlangen
an erster Stelle behandelt habe. Dagegen ist der
Schilderung des Lebens, der biologischen Verhältnisse
nach Massgabe des verfügbaren Platzes ein umso

breiterer Raum gewidmet worden. Denn das Leben in
seiner bunten Mannigfaltigkeit ist es ja, was dem Naturfreund das Studium der Natur und ihrer Geschöpfe so
anziehend gestaltet. Wenn aber auch hier manches
knapp behandelt, mancher Lebensvorgang nur in grossen
Zügen dargestellt werden konnte, so halte ich das für
gar keinen so grossen Fehler. Denn der Naturfreund
soll nicht allein aus Büchern sein Wissen schöpfen, sondern.
aus der Natur selbst; Bücher sollen ihn in diese nur
einführen und ihn anregen, ihren Geheimnissen nach-
zuspüren. Und wenn meine bescheidene Arbeit das
vermag, wenn die eine oder andere Schilderung dazu
angetan sein sollte, viele zur Beobachtung unserer
Kriechtiere und Lurche anzuregen, wenn mein Buch
schliesslich auch geeignet ist, Vorurteile beseitigen zu
helfen und Liebe zu den vielgeschmähten Reptilien
und Amphibien zu erwecken, dann hat es seinen Zweck
erfüllt.

Einen Vorzug, so darf ich wohl kühnlich behaupten, besitzt mein kleines Werk vor vielen anderen.
Und dieser Vorzug besteht in seinen Illustrationen, die
ausschliesslich nach photographischen Naturaufnahmen angefertigt worden sind. Und zwar handelt es sich dabei mit einigen wenigen Ausnahmen,
wo Terrarientiere in einer ihren Aufenthaltsorten vollständig entsprechenden Umgebung photographiert worden
sind, stets um Aufnahmen freilebender Tiere an den
natürlichen Orten ihres Vorkommens. Wer sich nur
einmal mit photographischen Naturaufnahmen befasst
hat und auch unsere Kriechtiere und Lurche kennt,
wird auch die Schwierigkeiten ermessen können, die
sich den Aufnahmen der in der Nähe des Menschen
— ich musste mit dem Apparat bis 50 cm und noch
näher an die Tiere heran — so unruhigen Geschöpfe
oft entgegenstellten. Dazu kam noch, dass ich infolge

ungünstiger Lichtverhältnisse oder der zur Erreichung einer grösseren Tiefenschärfe notwendigen stärkeren Abblendung des Objektives nicht immer Momentaufnahmen machen konnte, sondern — wenn auch auf meistens kurze — Zeitaufnahmen angewiesen war. Die schönen dabei erzielten Erfolge verdanke ich in erster Linie der grossen Leistungsfähigkeit einer Hüttigschen Spiegelreflex-Kamera, die mir von der Firma Fabrik photographischer Apparate auf Aktien, vorm. R. Hüttig & Sohn in Dresden, in liebenswürdigster Weise für meine Arbeit zur Verfügung gestellt worden, und die für alle Naturaufnahmen infolge ihrer vielseitigen Vorzüge wie kaum eine zweite geeignet ist. Ich halte es für eine einfache Pflicht der Dankbarkeit, der Firma daher auch an dieser Stelle zu gedenken; ihr kommt ein wesentliches Verdienst an dem Zustandekommen meines Buches zu.

Mein Buch ist durch seine Abbildungen somit eines der ersten deutschen Werke, in dem ausschliesslich und im Grossen die Naturphotographie in den Dienst der bildlichen Darstellung gestellt wird und das damit den Anfang von photographischen Aufnahmen auch der übrigen deutschen Tiere machen will. Es wird dadurch für unser deutsches Vaterland endlich einmal auch das geschaffen, was andere Länder — vor allem Nordamerika und England — seit langem schon nicht gerade zu unserem eigenen Ruhme besitzen und was bisher ein stiller, unerfüllter Wunsch so Vieler gewesen ist. —

Werke allgemeinen Inhalts, die von mir bei der Abfassung meines Buches benutzt worden sind und aus denen ich mehrfach auch Angaben wörtlich entlehnt habe, sind:

DÜRIGEN: Deutschlands Amphibien und Reptilien. Magdeburg 1897.

KNAUER: Das Leben unserer heimischen Kriechtiere und Lurche im Kreislaufe eines Jahres. Dresden 1905.

LACHMANN: Die Giftschlangen Europas. Magdeburg 1888.

Ders.: Die Reptilien und Amphibien Deutschlands in Wort und Bild. Berlin 1890.

LENZ: Schlangen und Schlangenfeinde. Gotha 1870.

während bei der Behandlung der Kreuzotter und namentlich der Frage nach ihrer Gefährlichkeit, die ich besonders eingehend behandeln zu müssen glaubte, die folgenden, meist kürzeren Arbeiten berücksichtigt worden sind:

BLUM: Die Verbreitung der Kreuzotter in Deutschland. Sonderdruck aus den Abh. d. Senckenbergischen Naturforsch. Gesellsch. in Frankfurt a. M. 40. Band. Frankfurt a. M. 1888.

HOFFMANN: Die Kreuzotternjagd. Über Land und Meer. LXVIII. Bd. Stuttgart 1892.

KÖHLER: Kann der Kreuzotterbiss töten? Aus der Heimat. 18. Jahrg. Stuttgart 1905.

LAUS: Vorläufige Mitteilung über die Verbreitung der Kreuzotter in Mähren und Österr.-Schlesien. IV. Bericht des Klubs für Naturkunde in Brünn. Brünn 1902.

LÖNS: Der Biss der Kreuzotter. Hannoversches Tageblatt v. 5. 5. 1907.

ZIMMERMANN: Unsere Kreuzottern. Mitteil. d. Nordböhm. Exkursionsklubs. 26. Jahrg. Leipa 1903.

Ders.: Über die Kreuzotter. Aus der Heimat. 18. Jahrg. Stuttgart 1905.

Für das Weiterstudium des hier behandelten Gebietes kann ich namentlich das DÜRIGENsche ausführliche und umfangreiche Buch aufs wärmste empfehlen.

Schliesslich glaube ich, auch dem Herrn Verleger meines kleinen Werkchens meinen Dank abstatten zu müssen. Denn trotz der hohen Herstellungskosten hat dieser sich nicht abhalten lassen, auf die Ausstattung die grösste Sorgfalt zu verwenden und hat dabei den Ladenpreis so niedrig gestellt, wie ihn ähnliche Veröffentlichungen kaum aufweisen. Ich wünsche und hoffe, dass er in einem flotten Absatz meines Buches die verdiente Entschädigung für die von ihm gebrachten Opfer finden möchte.

Rochlitz, im Januar 1908.

Rud. Zimmermann.

Bufo vulgaris, Laur., Graue Kröte.

Es scheint, als ob der Fluch, der nach der biblischen Schöpfungslegende am Tage des Sündenfalles über die Schlange ausgesprochen worden ist, sich nicht nur grausam an dieser selbst erfüllt, sondern auch ihre gesamte engere und weitere Verwandtschaft mitgetroffen hat. Denn es gibt wohl kaum eine zweite Tierklasse, die so verfolgt, verachtet und gehasst wäre, wie die der Kriechtiere und Lurche. Niemand mag mit ihren Geschöpfen etwas zu tun haben, die meisten Menschen gehen ihnen aus dem Wege und viele sogar rechnen es sich noch als ein ganz besonderes Verdienst an, ihre Tiere zu töten, wo immer nur sie dieselben antreffen. Und doch sind all' der Hass und die Verachtung, mit denen man den Kriechtieren und Lurchen begegnet, der Abscheu und die Furcht, die ihnen nicht nur von zartbesaiteten Damen, sondern auch von nervenstarken Männern entgegengebracht werden, wenigstens bei uns unbegründet. Denn mit Ausnahme etwa der giftigen Kreuzotter und der seltenen Aspisviper sind sie sämtlich

durchgehends recht harmlose, in vielen Fällen sogar ganz
besonders nützliche Geschöpfe. Aber es wird wohl noch
lange dauern, ehe die Vorurteile gegen sie einmal allgemein geschwunden sein werden, sie wurzeln dazu noch
viel zu tief in unserem Volke. Der Gebildete aber
wenigstens sollte es versuchen, mit ihnen aufzuräumen,
und Schlangen, Molche, Kröten und was sonst noch von
dieser Sippe auf Erden kriecht, mit den gleichen Augen
ansehen, mit denen er das schlanke Reh, den lieder-
begabten Vogel oder eine duftende Blume betrachtet.
Dann wird, nein, dann muss es auch anders werden,
dann werden Kriechtiere und Lurche wieder die ihnen
gebührende Stelle in der Natur einnehmen.

Die Kriechtiere oder Reptilien, Lurche oder
Amphibien, die teils auf dem Lande, teils vorwiegend
im Wasser oder abwechselnd auf dem Lande und im
Wasser leben und in ihrer Erscheinung und Lebensweise
recht viel Gemeinsames besitzen, so dass man sie ur-
sprünglich zu einer Klasse zusammengefasst hatte und
sie heute noch vielfach in den Naturgeschichtswerken
als solche aufführt, hat man auf Grund doch noch
zwischen ihnen vorhandener ausgesprochener Gegensätze
in jüngster Zeit auch äusserlich schärfer voneinander
unterschieden und demgemäss die Kriechtiere als die 3.,
die Lurche aber als die 4. Klasse unter die Wirbeltiere
eingereiht. Man hört sie vielfach gleich den Fischen
auch noch als „Kaltblütler" bezeichnen. Dieser Ausdruck ist indessen ein recht unglücklich gewählter; er
muss in Laienkreisen unbedingt zu einer falschen Auf-
fassung führen und die Meinung hervorrufen, als be-
sässen diese Tiere überhaupt keinen Tropfen warmen
Blutes. Dem ist aber nicht so. Die Bluttemperatur
der Kriechtiere und Lurche wechselt nur mit der Tem-

peratur ihrer Umgebung; sie ist eine höhere, wenn die
der Umgebung eine höhere, eine niedere dagegen, wenn
die der Umgebung eine niedere ist. Treffender charak-
terisiert dieses Verhältnis daher die Bezeichnung
„wechselwarm", die an Stelle des Ausdruckes
„kaltblütig" endlich einmal allgemein Eingang finden
sollte.

Die Körperform der Kriechtiere ist gleich derjenigen der Lurche recht wechselvoll. Im allgemeinen
lässt sie sich bei den ersteren auf drei Grundformen
zurückführen, nämlich auf eine gestreckte, wurmförmige
bei den Schlangen, auf eine gestreckte, kürzere mit
Gliedmassen bei den Eidechsen und auf eine platte,
breite, in ein festes Rücken- und Bauchschild einge-
schlossene bei den Schildkröten. Die Lurche dagegen
zeigen nur zwei Grundformen, eine gestreckte bis wurmförmige bei den Schwanzlurchen und eine breite, platte
bei den Froschlurchen. Ihre Arten besitzen auch —
wenigstens soweit es sich um die in unserem Vaterlande
lebenden handelt — stets mehr oder weniger gut ausgebildete Gliedmassen, während diese den Kriechtieren
oft fehlen oder nur schwach angedeutet sind.

Da die Blutwärme der Kriechtiere und Lurche mit
der Temperatur ihres Aufenthaltsortes wechselt, bedürfen
sie auch nicht jenes Schutzes gegen eine Wärmeabgabe
des Körpers, wie ihn die warmblütigen Tiere, Säuger
und Vögel, in ihrem Haar- und Federkleid oder in
Fettschichten unter der Haut besitzen. Bei ihnen bildet
die Körperbedeckung lediglich einen Schutz gegen
Verletzungen oder gegen ein Austrocknen des Körpers
während heisser und trockener Zeiten und tritt bei den
Schlangen und Eidechsen ausserdem noch mit in den
Dienst der Fortbewegung. Sie besteht in einer, zu hornigen Schuppen und Schildern ausgebildeten harten
Haut bei den Kriechtieren, in einer weichen nackten,

meist mit einem zähen Schleim bedeckten Haut bei den
Lurchen.

Die Atmung ist gleich dem Blutkreislauf bei
beiden Tierklassen eine recht langsame und erfolgt bei
den Kriechtieren durch Lungen, bei den Lurchen dagegen im Jugend- (oder Larven-) Zustand durch Kiemen,
und erst später, wenn das Tier vollentwickelt ist, vollzieht sie sich gleichfalls durch Lungen.

Die Fortpflanzung geschieht bei beiden Tierklassen
durch Eier, deren Ausbrüten der Wärme der Luft, des
Wassers oder des Bodens überlassen bleibt. In einigen
Fällen bleiben die Eier aber auch bis zur völligen Entwicklung im mütterlichen Körper, so dass bereits während
des Ablegens oder unmittelbar danach ihnen die Jungen
entschlüpfen. Man spricht in diesen Fällen (ungenau)
von einer „lebendig gebärenden" Art. Die Jungen
der Kriechtiere besitzen bereits die Form und Gestalt
der Eltern, die Jungen der Lurche dagegen müssen erst
eine mehr oder weniger komplizierte Verwandlung, ihren
Larvenzustand durchmachen, ehe sie den Eltern gleich
werden. Auf den Larvenzustand werden wir später
noch eingehender zurückkommen.

Die Reptilien teilt man in die Schlangen.
Ophidia, in die Eidechsen, *Sauria*, in die Schild-
kröten, *Chelonia*, und die bei uns nicht vertretenen
Panzerechsen oder Krokodile. *Crocodilina*, ein. die
Amphibien zerfallen in die Frosch- und Schwanz-
lurche. *Anura* bezw. *Urodela*.

Die Schlangen besitzen einen gestreckten, wurm-
förmigen Körper, der bald nahezu gleichmässig dick,
bald nach dem Kopf und Schwanz zu von deutlich ab-

Coronella austriaca Laur., **Glatte Natter**
Das matte, zeichnungslose Aussehen der Körperoberfläche, sowie
das weisse Auge sind Anzeigen der bevorstehenden Häutung

nehmender Stärke ist. Die Gliedmassen fehlen ihnen
gänzlich oder sind bei einigen, nichtdeutschen, Arten in
Form kurzer Stummeln rechts und links des Afters angedeutet. Der verhältnismässig kleine Kopf ist vom
Körper durch eine den Hals andeutende, mehr oder
weniger deutlich hervortretende Verengerung abgesetzt.
der Schwanz ist bald länger, bald kürzer, er geht entweder allmählich in eine dünne Spitze über oder ist vom
Körper scharf abgesetzt und läuft in eine stumpfe, vielfach verhornte Spitze aus. Die Gesichts- und Kopf-
knochen sind überaus beweglich und untereinander nicht
fest, sondern durch dehnbare, sehnige Bänder verbunden.
Dadurch wird es ermöglicht, dass sich der Kopf beim
Verschlingen der Beute so sehr ausdehnen kann. Den
Augen fehlen die Lider. sie werden aber ersetzt durch

die, die Augen mitbedeckende und über diesen durchsichtige Oberhaut. Äussere Ohren besitzen die Schlangen nicht und auch innerlich sind die Gehörorgane nur recht kümmerlich ausgebildet. — Das Sinnesleben der Schlangen befindet sich auf keiner besonders hohen Entwicklungsstufe; Geruchs- und Geschmackssinn hat man ihnen oft sogar gänzlich abgesprochen. Der Gesichtssinn ist wenig vollkommen, einen sich nähernden Gegenstand gewahren die Schlangen erst durch seine Bewegungen und nicht viel mehr entwickelt scheint auch das Gehör zu sein. Am feinsten ist noch der Tastsinn ausgebildet, dem vor allem die bewegliche, lange, schmale und dünne, gespaltene und während der Ruhe in einer Scheide zurückgezogene Zunge dient. Auch die geistigen Fähigkeiten der Schlangen sind recht niedere. „Das Gehirn der Schlangen ist verhältnismässig sehr klein, sowie denn auch ihre Geistesfähigkeiten sehr gering sind", schreibt LENZ auf Grund seiner vieljährigen Beobachtungen, und seinem Urteil wird rückhaltlos der beipflichten, der Schlangen in der Gefangenschaft beobachtet und studiert hat.

Die Haut der Schlangen wird gebildet von der Unter- oder Lederhaut sowie der die letztere bedeckenden Oberhaut und ist äusserlich verdickt und verhornt. Die verdickten Hautstellen liegen dachziegelartig übereinander und bilden die Schuppen oder sind — namentlich am Kopfe — nebeneinander angeordnet und heissen dann Schilder. Die Oberhaut ist besonders hart und fest und vermag nicht mit dem übrigen Körper zu wachsen. Damit sie nun aber die Schlange am Wachstum nicht hindert, wird sie von Zeit zu Zeit abgeworfen und durch eine neue ersetzt; ein Vorgang, der als „Häutung" bezeichnet wird. Die herannahende Häutung verrät sich durch eine trübe, milchige Färbung der Augen und einen schmutzigen, die Zeichnung des

Coronella austriaca Laur., Glatte Natter
Anfangsstadium der Häutung, die Haut ist über den Kopf
zurückgestülpt und dieser erscheint daher dunkler

Tieres nur noch undeutlich wiedergebenden Schein
des Körpers: bis sich dann die Haut zuerst an den
Lippenrändern loslöst, nach aussen umstülpt und so allmählich vom Körper abstreift. Damit das Umstülpen
und Abstreifen rascher und leichter vor sich geht, zwängt
sich die Schlange während des Häutungsprozesses zwischen
engen Steinen, dichtem Gestrüpp, Reisig u. dergl. mehr
hindurch. An derartigen Stellen kann man dann oft
abgestreifte Schlangenhäute oder auch Teile von solchen
finden. Vor der Häutung sind die Schlangen meist recht
träge und wenig fresslustig, nach der Häutung dagegen
werden sie lebhafter und gehen mit doppeltem Eifer
ihrer Nahrung nach. Die Häutung wird sehr vom Klima
und der Jahrestemperatur eines Ortes beeinflusst: bei uns
erfolgt sie — natürlich nur während des Sommers —
in Zwischenräumen von etwa 4 bis 5, wohl auch noch
mehr Wochen etwa 5 bis 6 Mal im Jahre. Junge, eben
die Eihülle verlassene Schlangen häuten sich zum ersten-

male kurz nach ihrer Geburt; jüngere Tiere überhaupt häufiger als wie ältere. Eine von mir im Terrarium gehaltene, ausgewachsene Ringelnatter (1,15 m lang) häutete sich während einer über 6 Monate dauernden Gefangenschaft überhaupt nicht, lag aber, ohne dass an ihr sonst ein Zeichen von Krankheit zu bemerken gewesen wäre, eines Morgens tot in ihrem Behälter. Am letzten Nachmittag zeigte sie allerdings eine ziemliche Unruhe, lebhafter als sonst kroch sie im Terrarium umher und machte die angestrengtesten Versuche, ihm zu entweichen.

Diese Unruhe zeigen die Schlangen übrigens stets vor ihrem Tode. Unaufhörlich kriechen und klettern sie im Terrarium umher, bis die Bewegungen allmählich langsamer werden, und die Schlange sich in der Regel zu einer weiten Spirale zusammenrollt. Der natürliche Tod erfolgt, wie ich in Übereinstimmung mit einem anderen Forscher, Dr. Werner, wiederholt beobachtet habe, in der Regel in den späten Abendstunden bis gegen Mitternacht, selten am Morgen und noch seltener am Tage. Diese Tatsache deckt sich mit einer alten, weitverbreiteten Volksmeinung, nach der eine Schlange nie vor Sonnenuntergang stirbt. Wenn diese Volksmeinung aber auch den gewaltsam getöteten Schlangen noch Lebenskraft bis zum Abend zuschreibt, so ist dies eine Ansicht, die ich wohl nicht ausdrücklich als völlig haltlos und widersinnig zu betonen brauche. Freilich sind die Schlangen sehr zählebig und — wie sie ja auch die Nahrung sehr lange entbehren können — oft recht unempfindlich gegen Verwundungen und Verletzungen, manches scheinbar getötete Tier wird in Wirklichkeit doch noch leben. Lenz berichtet von einer Kreuzotter, der er beim Fange so auf den Rücken getreten hatte, dass in der Mitte des Leibes Wirbel und Rückenmark auseinandergerissen, Haut und Verdauungskanal aber

Tropidonotus natrix (L.), Ringelnatter gehäutet
Die Schlange wurde etwa 2 m von der Häutungsstelle entfernt
angetroffen, nach dieser zurückgetrieben und hier mit der ab-
gestreiften Haut photographiert

unverletzt geblieben waren, und die in diesem Zustande
noch mehrere Wochen lebte.

Sämtliche Schlangen sind ausgesprochene Raubtiere. Ihre Nahrung besteht im Freien ausschliesslich
aus lebenden Tieren und nur in der Gefangenschaft
lassen sich einige allmählich dahin bringen, auch tote
Nahrung anzunehmen. Die in Deutschland heimischen
Schlangen vertilgen Mäuse und andere kleine Säuger,
wie junge Maulwürfe u. dergl., kleinere Vögel, Fische,
Eidechsen, kleinere Exemplare ihrer eigenen Gattung,
Frosch- und Schwanzlurche. Ihre Beute verfolgen sie,
die Kreuzotter z. B. stellt den Mäusen in ihren Löchern
nach, oder lauern ihr auf und stürzen sich auf sie, sobald

das Opfer in genügender Nähe ist. Sie erfassen es mit
dem Maule und halten es mit den Zähnen fest, töten es
durch kräftiges Zudrücken des Maules oder durch enge
Umwindungen mit ihrem Körper. Aber auch lebend
schlingen einige es hinunter. LACHMANN berichtet von
Unken, die von Ringelnattern verschlungen, sogar lebend
wieder ausgespieen worden sind und sich danach noch
jahrelang im Terrarium erhalten haben und ich selbst
habe es gesehen, wie Ringelnattern beim Anfassen eben
verspeiste Frösche lebend wieder von sich gegeben haben.
Die Giftschlangen bringen in der Regel ihrem Opfer einen
Biss bei und warten dessen tödliche Wirkung ab, ehe sie an
das Hinabwürgen gehen. Und ein richtiges Hinabwürgen
ist das Fressen der Schlangen. Denn da sie ihre Nahrung
nicht zerkleinern können, müssen sie dieselbe in unzer-
teiltem Zustande ihrem Körper zuführen. Kopf und
Rachen dehnen sich dabei unglaublich weit aus und eine
starke Verdickung des Körpers zeigt uns den Gang an,
den die Nahrung in ihm nimmt. Die verhältnismässig
ungewöhnliche Grösse der einmal aufgenommenen
Nahrungsmenge und der Umstand, dass infolge des
langsamen Blutkreislaufes und der gleichfalls langsamen
Atmungsvorgänge der Verbrauch von Nährstoffen überhaupt ein minimaler ist, ermöglichen es, dass die Schlange
seltener Nahrung zu sich nimmt, als ein anderes Tier, und
dass sie oft recht lange hungern kann. Kreuzottern beispielsweise, die in der Gefangenschaft keine oder nur
unter ganz besonders günstigen, der Natur angepassten
Verhältnissen Nahrung annehmen, haben ohne diese
9 bis 12 Monate ausgehalten. — Des Wassers bedürfen
alle Schlangen, sie nehmen es leckend oder saugend
mit deutlichen Schluckbewegungen zu sich, müssen sich
aber vielfach nur mit Tau- oder Regentropfen begnügen.

Die Aufenthaltsorte der Schlangen sind sehr verschieden. Viele bewohnen den Wald und halten sich

hier meist auf sonnigen, mit Gras und Gestrüpp bewachsenen Lichtungen auf, andere wieder bevorzugen
steinige Halden und Berglehnen, wieder andere Felder
und Wiesen, Ödungen, Sümpfe, Brüche usw. Manche
trifft man an wasserarmen oder wasserlosen Orten an,
manche vorzugsweise oder ausschliesslich in der Nähe
stehender und fliessender Gewässer, an Seen und Teichen,
Flüssen und Bächen. Die Ringelnatter hält sich beispielsweise gern an solchen auf und die Würfelnatter ist fast
ausschliesslich auf Gewässer angewiesen; beide werden
hier — wenn sie in grösseren Mengen vorkommen —
in geringem Grade auch leicht einmal der Fischzucht
schädlich. Dem Boden und der Umgebung ihres Aufenthaltsortes passen sich die Schlangen meist in vorzüg-
licher Weise an; sie ähneln ihnen in der Färbung oft
so, dass man sie vielfach erst gewahr wird, wenn sie
raschelnd die Flucht ergreifen.

Schwimmen können alle unsere Schlangen; einige
von ihnen erreichen darin sogar eine ziemliche Fertig-
keit und können selbst längere Zeit unter Wasser bleiben
und sich am Grunde desselben gewandt fortbewegen.
Ich habe Ringelnattern in kleinen, klaren Tümpeln oft
5—10 Minuten, ja sogar eine Viertelstunde und darüber
am Grunde liegend, oder sich zwischen Wasserpflanzen
umherbewegen gesehen, ehe sie einmal an die Oberfläche kamen, um Luft aufzunehmen. Noch länger als
wie die Ringelnatter hält es die Würfelnatter unter
Wasser aus. Auch die Fähigkeit zu klettern, d. h. Gestrüpp und Gebüsch, niedere Bäume u. dergl. mehr zu
ersteigen, ist allen Schlangen unserer Heimat eigen.
Selbst die unbeholfenste von ihnen, die plumpe Kreuzotter, ist wohl in der Lage, auf niederes Gebüsch, kleine
Bäumchen mit auf die Erde herabhängenden Zweigen,
Zäune u. dergl. mehr zu steigen, wennschon derartige
Fälle in der Natur zu den selteneren Erscheinungen

zählen dürften. Daher mag es wohl auch kommen, dass
selbst gute Kenner der Kreuzotter ihr die Kletterfähig-
keit gänzlich absprechen. Ich habe die Schlange im
Freien kletternd zwar auch noch nicht angetroffen, fand
aber einst auf einem Kreuzstengelzaun etwa 1 m über
dem Erdboden die frische Haut einer Kreuzotter, die
nach Lage der Verhältnisse nur hier abgestreift sein
konnte. Im Terrarium dagegen kommt es öfter einmal
vor, dass die Kreuzotter den Kletterbaum besteigt.
Häufiger und auch besser klettert die Ringelnatter, die
man im Freien sogar verhältnismässig häufig auf Gebüsch und niederen Bäumen antreffen kann. Ich habe
sie bis über 1 m hoch, andere Beobachter noch höher
(bis zu 3 m), aber stets nur auf solchem Gebüsch und
Bäumchen gefunden, wo die Astbildung sehr dicht und
bis auf die Erde herabreichend war. In einem Falle
konnte ich eine von mir im Freien angetroffene
kletternde Ringelnatter auch auf der photographischen
Platte festhalten. Überrascht man eine auf einem
Bäumchen sich sonnende Ringelnatter, so lässt sie sich
sofort zur Erde fallen. Nur einmal in meiner Beob-
achtertätigkeit verharrte das Reptil regungslos in seiner
Stellung, so dass ich es bequem wegnehmen konnte.
Das Fallenlassen, das wohl auch bei den anderen
Schlangen vorkommt, ist vielleicht die Ursache zu der
weitverbreiteten Meinung, dass unsere Schlangen von
den Bäumen herab den Menschen anspringen. Die
nächste Verwandte der Ringelnatter, die spärlicher vorkommende Würfelnatter, klettert noch besser als wie
diese und steigt bis in die Spitzen verhältnismässig
hoher Büsche und Bäumchen. Dagegen scheint die
glatte Natter, der der Volksmund eine grosse Kletter-
fähigkeit zuschreibt, nicht besonders gern zu klettern.
Ich habe sie kletternd im Freien, obwohl ich schon
Hunderte dieser Schlangen beobachtet habe, überhaupt

Tropidonotus natrix (L.), Ringelnatter kletternd

noch nicht angetroffen, und — wenn ich sie kletternd im Terrarium beobachtet habe, immer das Gefühl gehabt, dass sie, trotzdem sie hier nicht schlecht klettert, dies doch ungern und mit einer gewissen Anstrengung tut. In diesem Sinne äussern sich auch andere Beobachter der Schlange. Die vorzüglichste Kletterin unter den deutschen Schlangen aber ist die Aeskulapnatter, die sehr oft und mit ziemlicher Schnelligkeit und Gewandtheit in Gesträuch und Bäumen emporklettert und die höchsten Spitzen besteigt, um sich zu sonnen. Selbst an Mauern und ziemlich starken Bäumen windet sie sich empor und benutzt dabei jeden Riss, jede rauhe Stelle, um sich so einzustemmen und festzuhalten, dass es nicht immer leicht ist, sie loszubekommen. — Die Bewegungen der Schlangen auf der Erde, die durch Windungen („schlängeln") des Rumpfes erfolgen und durch das Einstemmen der leicht emporgerichteten Bauchschilder gegen den Boden wirksam unterstützt werden, sind ziemlich gewandte und oft so schnelle, dass man grosse Mühe hat, ein auf der Flucht befindliches Tier zu fangen.

Die Schlangen sind entweder echte Tages- oder Dämmerungs- und Nachttiere. Sie lieben aber alle den Sonnenschein und liegen oft stundenlang, die angenehme Wirkung der Sonnenstrahlen geniessend, an windstillen, sonnigen Plätzen. Nur während der heissesten Stunden der Sommertage ziehen sie sich meistens in ihre Schlupfwinkel zurück. Den Wind meiden sie und an windigen Tagen wird man daher auch selten Gelegenheit haben, eine Schlange zu Gesicht zu bekommen. Das Wärmebedürfnis der Schlangen erklärt uns auch die Tatsache, dass sie in den warmen und heissen Gegenden der Erde am zahlreichsten vorhanden sind, den kalten Zonen und Gegenden dagegen fehlen. Es ist weiter aber auch einer der Gründe, dass die in unserem Vaterland heimischen Arten sich bei Beginn der kalten Jahreszeit zur Winterruhe zurückziehen. Dieselbe erfolgt in frostfreien Höhlungen unter Wurzelwerk und Baumstümpfen, in Mäuse-, Maulwurfs- und anderen Löchern, Felsenrissen, unter Steinen u. a. m., meist tief unter der Oberfläche, wo man sie oft in grösserer Anzahl beieinander und zu Klumpen zusammengeballt, den Winter überdauernd, antreffen kann. Sie befinden sich dabei in einem halbwachen und halberstarrten Zustand, aus dem sie freilich schon eine gelinde Wärme erwecken kann. Nicht selten trifft man daher an milden Wintertagen eine Schlange im Freien an, die ihre Vorwitzigkeit freilich meistens damit büssen muss, dass sie bei schnellem Eintritt von Kälte erstarrt.

Die Paarungszeit der Schlangen erfolgt in den ersten warmen Monaten nach Beendigung der Winterruhe. Zur Paarung finden sich oft eine ganze Anzahl Tiere zusammen, die dann zu einem züngelnden und krabbelnden, einen nicht gerade schönen Anblick ge-

Hund und Glatte Natter

währenden Knäuel verschlungen sind. Die Fortpflanzung erfolgt durch Eier, die durch eine pergamentartige Schale geschützt sind und an feuchtwarmen Orten, unter Moos, Laub, in Mulm, Misthaufen, Erdhöhlungen, Felsenrissen, unter Steinen und dergl. mehr abgelegt werden und deren Entwicklung die natürliche Boden- und Luftwärme besorgen. Oder aber sie werden auch von der Mutter bis zur völligen Reife bei sich behalten. Die Jungen gleichen in ihrer Gestalt völlig den Eltern, sind aber vielfach anders gefärbt als im Alterszustand. Nicht selten ereignet es sich, dass die eben ausgeschlüpften Jungen von älteren Tieren der eigenen Gattung aufgefressen werden.

Die Geschlechter unterscheiden sich meistens durch die geringere Grösse der Männchen und deren hellere Färbung und lebhaftere Zeichnung. —

Unsere Schlangen sind im allgemeinen recht furchtsame Tiere und weichen jeder Gefahr nach Möglichkeit aus. Ist ihnen die Gelegenheit zur Flucht aber nicht mehr geboten, so nehmen sie ihre Verteidigungsstellung ein: sie rollen sich meistens zu einer tellerförmigen Spirale zusammen und suchen mit aufwärtsgerichtetem

Kopf durch lebhaftes Zischen den Gegner abzuschrecken oder sich seiner, indem sie dabei den Kopf vorwärts schnellen, durch Beissen zu erwehren. Das Zischen der Schlangen ist vor nicht zu langer Zeit der Gegenstand eines lebhaften Meinungsaustausches gewesen. Der kürzlich verstorbene bekannte Zoologe Professor MARSHALL hatte es sogar völlig abgeleugnet; er hätte sich von ihm aber leicht überzeugen können, wenn er einmal eine Ringelnatter im Freien oder eine eben eingefangene im Terrarium beobachtet hätte. Ich habe das Zischen an allen unseren deutschen Schlangen, mit Ausnahme der von mir im Freien noch nicht beobachteten und auch noch nicht gefangen gehaltenen Aspisviper gefunden. Doch das nur nebenbei. — Selbst unsere gutbewehrten Giftschlangen gehen dem Menschen aus dem Wege, sie machen von ihrem Gebiss nur Gebrauch, wenn man sie überrascht hat, wohl gar unversehens anfasst oder auf sie tritt.

Feinde der Schlangen unter der Tierwelt gibt es nicht wenige. Verschiedene Geier- und Adlerarten, besonders der Schlangen- und Schreiadler, der Bussard, unsere Rabenarten: Kolkrabe, Krähe und Elster, der Eichelhäher und eine ganze Anzahl Sumpfvögel, der Iltis, der Fuchs, das Wiesel, der Marder, der Hamster, das Wildschwein und noch manche andere stellen ihnen nach. Der Igel ist ein erklärter Feind der Kreuzotter und selbst den Mäusen mag manche Schlange im Winterquartier zum Opfer fallen. Dass Mäuse lebende Schlangen, namentlich auch Kreuzottern angefressen haben, ist im Terrarium wiederholt beobachtet worden. Auch unseren Haustieren wird gleichfalls manches dieser Reptile zum Opfer fallen. — Über das Verhalten dieser den Schlangen gegenüber ist schon mancherlei gesprochen und geschrieben worden und nicht selten hat man dabei eine nur einmal beobachtete Tatsache verallgemeinert und aus ihr vor-

Hund und Glatte Natter

eilige Schlüsse gezogen. So hört man nicht selten die
Meinung vertreten, dass beispielsweise die Hunde die
ungefährlichen Schlangen angreifen, der giftigen Kreuzotter aber aus dem Wege gehen. Diese Meinung ist
aber eine durchaus irrige, der Hund macht ebensowenig
einen Unterschied zwischen einer unschädlichen Schlange
und der Kreuzotter wie unsere anderen Haustiere auch.
Sein Verhalten den Schlangen gegenüber ist allerdings
stark von seiner Individualität beeinflusst. Ich habe z. B.
Hunde — kleinrassige und auch grosse Tiere — angetroffen, die Schlangen mit der grössten Scheu begeg-
neten und nur schwer oder überhaupt nicht zu einem
Angriff auf sie zu bewegen waren, ich habe aber auch
wieder Tiere gefunden — und diese scheinen die über-
wiegende Mehrzahl zu bilden, — die den Schlangen sofort kampfeslustig entgegentraten und sich dabei als
überaus gewandte und sichere Kämpfer erwiesen. Mein
kleiner Teckel, den ich wiederholt glatte Nattern ent-
gegenstellte — ich bediente mich zu meinen Versuchen
meistens dieser überaus bisslustigen, aber sonst ungefährlichen Schlange, wandte aber auch unter Beobachtung
der nötigen Vorsichtsmassregeln die Kreuzotter an —

ging immer sofort zum Angriff auf diese über und erregte sich dabei so, dass ihm der Schaum vor das Maul trat. Die Schlange nahm in der Regel ihre übliche Kampfstellung ein und suchte durch immer wütender werdende Bisse sich ihres Gegners zu erwehren, der Teckel erwiderte die Bisse und suchte dabei stets den Kopf der Schlange zu erfassen. Es wäre ihm dies wohl auch geglückt, wenn nicht immer im entscheidenden Moment ich ihn zurückgehalten hätte. Kreuzottern versuchte er in der gleichen Weise gegenüber zu treten, nur dass ich es in diesen Fällen nie zu einem eigentlichen Kampf kommen liess. Übrigens scheinen Kreuzotternbisse Hunden nicht immer viel zu schaden, es sind zahlreiche Fälle bekannt geworden, in denen Hunde sie ohne sonderliche Folgen gut überstanden haben. — Auch Katzen bekunden den Schlangen gegenüber eine grosse Kampfes- oder — der Ausdruck ist vielleicht angebrachter — Spiellust und vergnügen sich anfangs mit ihnen in der gleichen Weise, wie sie das mit Mäusen und anderen Tieren auch tun. Aeltere Katzen sind phlegmatischer, aber auch vorsichtiger und gewandter als junge. Sie weichen allen Bissen mit grosser Geschicklichkeit aus und quittieren jeden Bissversuch mit energischen, nach dem Kopf der Schlange geführten Tatzenschlägen. Ich habe es auch hier niemals zum äussersten kommen lassen, bin aber überzeugt, dass durch diese Tatzenschläge die Schlange allmählich kampfunfähig gemacht werden kann und dass sie dann auch von der Katze vertilgt wird. Hühner verhalten sich anfangs passiver, mit tiefgeneigtem Kopf betrachten sie sich neugierig jede Schlange und folgen ihr, um dann, mutiger werdend, auf sie einzuhacken und sie schliesslich zu vertilgen. Mir sind wiederholt Fälle gemeldet worden, in denen Hühner Schlangen (auch Kreuzottern) dergestalt bearbeitet und sie aufgefressen haben. — Pferde scheuen

Katze und Glatte Natter

vor Schlangen und sollen, wenn ihnen unversehens
eines dieser Reptile über den Weg läuft, schwer zu
beruhigen sein. Es ist aber lächerlich, aus dieser Tatsache, wie ich das jüngst gelesen habe, den Schluss zu
ziehen, dass sich die Pferde der Gefährlichkeit der
Schlangen bewusst sind. Ihnen geht es lediglich wie
den meisten Menschen auch: sie erschrecken vor dem
plötzlichen und raschen, hörbaren Dahingleiten des vorher still dagelegenen und unbemerkten Reptils.

Der wirtschaftliche Wert, d. h. der Nutzen der
Schlangen — wir Menschen sind nun einmal gewohnt,
ein Naturgeschöpf vorwiegend oder gar ausschliesslich
nach den Vorteilen und Nachteilen, die wir von ihm
haben, zu beurteilen — ist nur unbedeutend und der
Nutzen der Ordnung der Schlangen als solche, wenn
man von ihm überhaupt reden kann, ein ziemlich geringer. Die wenigen Mäuse, die von der Aeskulapnatter
und der Kreuzotter vertilgt werden, kommen gegenüber
dem Schaden, den die letztere durch den Biss eines
Menschen einmal anrichten kann, nicht in Frage, und
der Nutzen, den Ringel- und Würfelnatter stiften, dass
sie in Gewässern die der Fischzucht wohl einmal leicht

schädlich werdenden Frösche und deren Larven vertilgen, wird wieder aufgehoben durch ihre eigene Fisch-
räuberei. Sie kommt praktisch aber auch kaum in Frage;
tritt sie ja einmal an einem Orte durch allzu grosse
Häufigkeit der Schlangen auffallender in Erscheinung,
so lässt sich durch ein Töten der Tiere, das aber nur
ausnahmsweise und auf alle Fälle mit Mass geschehen
sollte, leicht Abhilfe schaffen. Keineswegs aber sind
wir berechtigt, weil wir einen wesentlichen Nutzen der
Schlangen für uns nicht zu erkennen vermögen, sie, wie das
so oft geschieht, zu verfolgen, zu quälen und zu töten.
Denn die Natur hat sie nicht zwecklos hervorgebracht,
sie hat auch ihnen wie dem geringsten und dem
höchsten ihrer Wesen eine Aufgabe zuerteilt, die sie zu
erfüllen haben. Und der Mensch, das vollkommenste
und allein vernunftbegabte dieser Wesen, sollte und
muss diese Aufgabe respektieren. Nur der Kreuzotter
kann energisch nachgestellt werden, denn das Menschen-
leben, das sie möglicherweise vernichten kann, wiegt
schwer. Übrigens glaube ich auch nicht an die Möglichkeit ihrer gänzlichen Ausrottung, da ihre ganze
Lebensweise sie vor einer solchen schützt.

Die Schlangen zerfallen in zwei Gruppen, in die
giftigen Ottern, *Viperidae,* und in die giftlosen Nattern,
Colubridae.

Die Ottern sind ziemlich plumpe Tiere und besitzen
einen gedrungenen, breiten Körper. Der Kopf ist von
ihm deutlich abgesetzt, flach und von dreieckiger bis
herzförmiger Gestalt. Die Pupille der Augen ist senkrecht gespalten und zieht sich im Sonnenschein zu einem
winzigen Spalt zusammen, während sie sich des Nachts

Hühner und Glatte Natter

— die Ottern sind vorwiegend Dämmerungs- und Nachttiere — bedeutend erweitert. Der Schwanz ist kurz,
vom Rumpfe scharf abgesetzt und endigt meist in einer
hornigen, stumpfen Spitze. Die Ottern behalten ihre
Eier bis zur völligen Ausbildung bei sich. Als Däm-
merungs- und Nachttiere verlassen sie ihre Schlupfwinkel tagsüber in der Regel nur, um sich zu sonnen,
während sie ihrer Beute meist abends und in der Nacht
nachspüren. Ihre Nahrung besteht vorzugsweise in
warmblütigen Tieren, in Mäusen und anderen kleinen
Säugern, sowie in Vögeln. Sie sind giftig und besitzen
in ihrem Oberkiefer beiderseits je einen hakig gebogenen, hohlen Giftzahn, sowie hinter diesem einen
oder mehrere Ersatzzähne. Das Gift dient ihnen zur
Tötung der Beute und ist ferner ein wirksames Schutzmittel gegen Feinde. Die eigentliche und ursprüngliche
Aufgabe der Giftdrüsen aber besteht nach den Versuchen, die G. D. CRISTINI an Giftschlangen angestellt
hat, jedoch darin, Giftstoffe, die sich infolge der lang-

samen Eiweissverdauung bilden, aus dem Körper der
Schlange auszuscheiden.

Die Nattern sind im Gegensatz zu den Ottern von
schlankem Körperbau. Der Kopf ist länglich und fast
immer deutlich vom Rumpf abgesetzt, der Schwanz lang
und vom Körper allmählich in eine mehr oder weniger
dünne Spitze verlaufend. Die Augen besitzen stets eine
runde Pupille. Die Nattern sind lebhafte, überaus gewandte Schlangen und lieben als echte Tagetiere Wärme
und Sonne. Sie sind unschädliche und harmlose Geschöpfe, und wenn sich einige von ihnen auch durch
tüchtige Bisse ihrer Gegner erwehren, so ist der Biss
doch stets ohne jede nachteiligen Folgen. Ihre Nahrung besteht in kleinen warmblütigen Tieren, Säugern
und Vögeln, in Fischen und verschiedenen Reptilien
und Amphibien. Sie legen Eier, die nach der Ablage
meistens noch einige Zeit zur ihrer völligen Entwicklung nötig haben.

Die Ottern umfassen bei uns nur eine Gattung, die
der Vipern, mit 2 Arten: Kreuzotter und Aspisviper, die Nattern dagegen 3 Gattungen, nämlich Kiel-
rücken- oder Wassernattern mit der Ringel- und
der Würfelnatter, Land- oder Kletternattern mit
der Aeskulapnatter und Glatt- oder Schlingnattern mit der Glatten Natter.

Unter den Vipern, *Vipera,* ist die bekannteste die
Kreuzotter, *Vipera berus* (*L.*), während die Aspisviper, *Vipera aspis* (*L.*), dagegen, die an Häufigkeit
hinter jener bedeutend zurücksteht und in Deutschland
nur an einigen wenigen Orten vorkommt, vielen nicht
einmal dem Namen nach bekannt ist. Sie sind beide

Vipera berus (L.). Kreuzotter
(hellgefärbtes, kriechendes Männchen)

mit vollstem Recht gefürchtet, vermögen sie doch durch
ihren Biss unter besonders ungünstigen Umständen einen
Menschen zu töten oder ihm schwere Krankheit und
langes Siechtum zu bereiten. Ihre Gefährlichkeit wird
aber auch wieder bei uns gewaltig übertrieben, und
Fälle von Schlangenbissen mit schwerem oder gar tödlichem Ausgange gehören in Deutschland nur zu vereinzelten, sehr seltenen Erscheinungen.

Die Kreuzotter erreicht im allgemeinen eine
Körperlänge von 60—70, seltener bis 80 cm und ist in
vereinzelten Ausnahmefällen in Exemplaren bis zu 1 m
Länge gefunden worden. Die in den höheren Gebirgs-
lagen lebenden Tiere sind die kleinsten und werden
kaum länger als 45 cm. Die Weibchen übertreffen an
Körpergrösse die Männchen meist um ein bedeutendes;
von ihnen hat man Exemplare bis über 90 cm gefunden,
während man Männchen nie über 60—65 cm gross beobachtet hat. Der Rumpf ist plump, am Bauche breiter
als auf dem Rücken und nach dem Kopfe zu dünner als

nach dem Schwanze. Der Kopf ist platt, verbreitert
sich nach hinten und ist am Halse deutlich abgesetzt,
der Schwanz kurz und an seiner stumpfen Spitze leicht
verhornt. Die Schnauze ist abgerundet und bildet dadurch ein charakteristisches Merkmal gegenüber der
Aspisviper, bei der die Schnauze scharfkantig und leicht
aufgeworfen erscheint. Die Iris der Augen ist lebhaft
feuerrot, die Pupille senkrecht gespalten. Zu beiden
Seiten des Oberkiefers steht ein hakig nach hinten ge-
krümmter Giftzahn, der für gewöhnlich umgelegt ist,
beim Öffnen des Rachens aber emporgerichtet wird.
Die Giftzähne werden von einem feinen, röhrenartigen
Kanal durchzogen, der mit den unter den Zähnen liegen-
den Giftdrüsen in Verbindung steht. Hinter den Giftzähnen sind noch einige Ersatzzähne vorhanden.

In bezug auf ihre Färbung und Zeichnung ist die
Kreuzotter so gewaltigen Abänderungen unterworfen,
dass man behauptet hat, dass sich unter Hunderten dieser
Schlangen nicht zwei völlig gleichen. Die Farbe der
Oberseite schwankt zwischen dem hellsten, oft fast ins
Weisse übergehenden Grau bis zum dunkelsten Braun
und kann sogar tiefschwarz sein. Im allgemeinen herrschen
beim Männchen hellere, aschgraue Töne mit den mannigfachsten Übergängen ins schmutziggraue, lichtgelbliche,
grau- und meergrüne, hellbraune und braune vor, beim
Weibchen dagegen eine braune Farbe mit Übergängen
ins schmutzigbraune, braungraue, braungrüne, rotbraune
bis kupferrote und dunkelbraune. Indessen gibt es auch
dunkelgefärbte Männchen und hellere Weibchen. Die
Farbe des Bauches geht vom Weissen ins gelbliche, graue
und rötliche bis zum Violett und Schwarz über. Die
kupferfarbenen Exemplare werden als Kupferottern,
die tiefschwarzen als Höllenottern bezeichnet. Der
Kopf ist mit acht dunklen Flecken gezeichnet, von
denen sich einer über der Schnauze und drei zwischen

den Augen befinden, während vier bindenartig in die
Länge gezogen sind und durch gegenseitiges Nähern oder
Zusammenfliessen nach der Mitte zu den Eindruck eines
Kreuzes hervorrufen können. Ueber den Rücken läuft
eine dunkle Zickzackbinde, längs deren dunkle Seitenflecken angeordnet sind. Die Zeichnung tritt an den
hellgefärbten Exemplaren am schärfsten und deutlichsten
hervor, ist an den dunkleren weniger auffallend und
verschwindet an den tiefschwarzen gänzlich. Die Jungen
sind gewöhnlich dunkler und nur in selteneren Fällen
heller gefärbt, Tiere des Tieflandes heller als die des
Hochgebirges. Im allgemeinen passt sich die Kreuzotter
in ihrer Färbung sehr ihrer Umgebung an, so dass sie
einem ungeübten Auge an den Orten ihres Vorkommens
auch meistens entgeht.

Der Verbreitungsbezirk der Kreuzotter ist ein grosser.
„Sie darf sich," um mit DÜRIGEN zu reden, „von allen
Landschlangen überhaupt und von den deutschen und
europäischen Arten insbesondere rühmen, den ausge-
dehntesten zu besitzen. Denn derselbe umschliesst nicht
nur fast alle Länder unseres Erdteiles vom nördlichen
Polarkreis (Finn- und Lappland) bis zu dem 41. oder
42. Breitengrad hinab und von der pyrenäischen Halbinsel bis zum Ural, sondern er umspannt auch noch das
nördliche Asien zwischen dem 45. bezw. 42. Grad n. Br. im
Süden und dem 58. bezw. 54 Grad n. Br. im Norden
bis zur ostasiatisch russischen Insel Sachalin, er erstreckt
sich somit von der Küste des atlantischen Ozeans im
Westen bis zu den Gestaden des stillen Ozeans im Osten,
d. h. vom 9. bis zum 160. Grad östl. L." In Deutschland ist sie fast überall zu finden, sie fehlt nur im Oden-
wald, im südlichen Teil des Grossherzogtums Hessen,
im Elsass, in der bayerischen Rheinpfalz, in Oberhessen
und Birkenfeld. In der Rheinprovinz, in Hessen-Nassau,
in Westfalen und Thüringen ist sie nur stellenweise

anzutreffen. An den Orten ihres Vorkommens tritt sie
bald spärlicher (aber oft häufiger, als der Fernerstehende
annimmt), bald zahlreicher auf und ist vielfach sogar in
ganz unglaublichen Mengen vorhanden. In dem kleinen
Bezirk der sächsischen Amtshauptmannschaft Oelsnitz
beispielsweise wurden innerhalb eines Zeitraumes von
16 Jahren 37565 getötete Kreuzottern an die Behörden
eingeliefert und dafür nahezu 8000 M. an Fangprämien
ausgezahlt. —

Die Kreuzotter kommt sowohl im Flachlande wie
auch im Gebirge vor und steigt hier bis über 2500 m
empor. Im Flachlande bevorzugt sie Heide- und Moor-
gegenden und liebt Orte, die mit niederem Gebüsch,
Heidelbeeren und Heidekraut bestanden sind, lichte
Wälder mit von Gestrüpp bewachsenen Boden, findet
sich aber auch auf von Gebüsch unterbrochenen Wiesen,
Feldern u. dergl. m., im Gebirge bewohnt sie sonnige,
mit Geröll bedeckte und mit Gestrüpp bewachsene Berg-
hänge, alte verlassene Steinbrüche und deren Halden,
Hochmoore, Heidestrecken u. ähnl. mehr. Geschlossenen
Hochwald, dunkle, tief eingeschnittene Felstäler und
Schluchten, sowie pflanzenlose Flächen meidet sie da-
gegen. Zu ihren Schlupfwinkeln wählt sie Felsenrisse,
Höhlungen unter Baumstümpfen, Wurzelwerk und im
Erdboden, verlassene Maulwurfs- und Mäuselöcher usw.
Nicht selten auch verbirgt sie sich unter Reisig-,
Streu- und Heuhaufen, wobei es sich leicht ereignen kann,
dass sie beim Einfahren dieser in die Gehöfte ver-
schleppt wird. Häufig tritt die Kreuzotter an Orten auf,
wo sie vordem nicht beobachtet worden ist, und verschwindet umgekehrt aus Gegenden, in denen sie früher
häufig war. Eine in allen Fällen befriedigende Erklärung für diese Erscheinung zu geben, ist oft schwierig;
in Fällen des Auftretens der Schlange an einem von
ihr vorher nicht bewohnten Ort wird es sich meistens

Vipera berus (L.), Kreuzotter (Weibchen in Ruhelage)

wohl um ihre Verschleppung durch Reisig, Streu, Schutt
und dergl. handeln. — Die von der Glatten Natter bewohnten Lokalitäten meidet sie im allgemeinen; jedoch
nie regelmässig und man kann vereinzelt beide Schlangen
an ein und demselben Ort antreffen. Beispielsweise
habe ich an mehreren engbegrenzten Gebieten in der
Umgebung meines Wohnortes die hier vorkommenden
drei Schlangenarten: Kreuzotter, Glatte Natter und
Ringelnatter gleichzeitig gefunden, in einem Fall sogar
auf einem Raum, der nur wenige Quadratmeter mass.

Die Kreuzotter ist ein Dämmerungs- und Nachttier
und geht, solange es die Witterung gestattet, erst nach
Beginn der Dunkelheit ihrer Nahrung nach. Nur in den
höheren Gebirgsgegenden und in den nördlicher gelegenen Gebieten, wo die Nächte auch während des
Hochsommers kühl sind, wird sie zum Tagetier. Ob sie
auch an einigen anderen Orten, wie mir gemachte Mit-
teilungen andeuten, ihre nächtliche Lebensweise aufge-

geben hat, wage ich heute noch nicht zu entscheiden.
Tagsüber, bei warmen oder schwülem Wetter, kann man
die Kreuzotter fast immer in der Nähe ihrer Schlupfwinkel antreffen. Unter einem Busch, auf einem Reisig-
oder Streuhaufen, an einem Wege liegt sie oft stundenlang und lässt sich von der Sonne bescheinen. Der
Körper ist dabei eng zusammengerollt, der Kopf ruht
in der Mitte des Körpers oder liegt seitlich auf diesem
und ist leicht nach oben gerichtet. In dieser Ruhe-
stellung lässt sie sich so leicht nicht stören und bei Anwendung von etwas Vorsicht kann man ganz nahe an
sie herankommen. Bemerkt sie allerdings einen sich
nähernden Feind, so windet sie sich in der Regel, allerdings nicht gerade besonders rasch, aber fast immer
früher, als sie der letztere selbst bemerkt hat, auf und
ergreift, meistens recht lautlos, die Flucht. Nur wenn
ihr die Möglichkeit zu dieser abgeschnitten ist, setzt sie
sich zur Wehr und beisst unter lebhaftem Zischen um
sich. Dabei deckt sie den übrigen Körper vorzüglich
durch den sich rasch bewegenden Kopf.

Ich kann diese Schlange übrigens nicht so jähzornig
finden, als wie man sie in der Regel darstellt. Sie kann
überaus wütend werden, gewiss, und wird dann sinnlos
nach jedem ihr hingehaltenen Gegenstand beissen, sie
ist oft aber auch recht träge und phlegmatisch und durch
nichts zu einem Biss zu bewegen. Ja, es ist wiederholt
schon vorgekommen, dass eine Kreuzotter aus Unkenntnis
mit der Hand angefasst und in den Händen weiter-
getragen worden ist, ohne dass sie dabei gebissen oder
auch nur einen Bissversuch gemacht hätte. Ein ersicht-
licher Grund für dieses verschiedenartige Verhalten der
Schlange lässt sich so leicht nicht immer finden; m. E. dürfte
es meistens in individuellen Ursachen begründet sein.

Die Nahrung der Kreuzotter besteht in der Hauptsache in Mäusen — vorzugsweise Feld- und Wald-

mäusen —, denen sie auflauert und auch in die Schlupfwinkel folgt. Spitzmäuse, junge Maulwürfe und kleine
Vögel (Erdnister), die sie in den Nestern überrascht,
verschmäht sie gleichfalls nicht und sogar Sieben-
schläfer und Wiesel sind in ihrem Magen gefunden
worden. Über wechselwarme Tiere dagegen (Frösche,
Blindschleichen, Salamander, Eidechsen) geht sie nur
ausnahmsweise einmal. Ihre Jungen dagegen nähren sich
anfangs durchgängig von kleinen Eidechsen und scheinen
dabei ganz auffallend die Bergeidechse (*Lacerta vivipara*)
zu bevorzugen. Dass sie aber, wie behauptet wird, ausschliesslich auf diese angewiesen sind, ist unrichtig; ich
habe an kreuzotterbewohnten Orten oft vergeblich nach
der Bergeidechse gesucht. Ihrem Opfer bringen die
Ottern stets einen Biss bei und warten dessen tödliche
Folgen ab, ehe sie es verschlingen.

Die Dauer der Winterruhe ist von der Witterung
abhängig. Die Otter beginnt sie gleich den anderen
Schlangen, aber vielfach später als diese, nach Eintritt
kühlen Wetters, was sich oft schon im September ereignen, mitunter aber auch erst im November erfolgen
kann. Im März, gewöhnlich um die Mitte oder auch
später, seltener dagegen früher, kommt sie wieder zum
Vorschein. In den Winterquartieren, Orten ähnlich den
sommerlichen Schlupfwinkeln oder auch solche, finden
sich oft eine ganze Anzahl Tiere zusammen, und es ist
keine seltene Erscheinung, dass man an ihnen 20—30 Individuen antrifft. Die Winterruhe der Kreuzotter freilich ist keine besonders feste, ein schöner Tag im Dezember oder Januar vermag sie schon zum Verlassen ihrer
Herberge zu bewegen. Der Tod durch Erfrieren ist
in der Regel die Folge davon.

Kurz nach Beendigung des Winterschlafes, gegen
Ende März oder im Laufe des April, schreiten die Kreuzottern zur Paarung. Die Begattung, während der sich

die einzelnen Paare ziemlich innig umschlingen, währt
mehrere Stunden. Nicht selten finden sich zu ihr eine
ganze Anzahl Tiere zusammen, die dann ein wirres,
züngelndes und krabbelndes Knäuel bilden. Etwa vier
Monate nach der Paarung werden die Jungen geboren,
die einzeln in ein dünnhäutiges Ei eingeschlossen sind,
dessen Hülle aber sofort sprengen. Ja, es kommt vor,
dass die Eihäute schon im Mutterleibe platzen und dass
dann die Jungen ohne die Hülle zur Welt kommen. Sie
besitzen bei ihrer Geburt eine Länge von 14 bis 20 cm
und sind sofort in der Lage, von ihren Giftzähnen Gebrauch zu machen. Ihre Zahl schwankt zwischen fünf
und sechzehn, kann aber auch drei oder vier betragen.

Zu den tierischen Feinden der Kreuzotter zählen
alle diejenigen Arten, die wir früher schon als Feinde
der Schlangen im allgemeinen kennen gelernt haben.
Ihr erbittertster Gegner ist der Igel, der ihr nachstellt
und sie verfolgt, wo er sie nur immer antrifft. Man
hat daher auch an kreuzotterreichen Orten durch das
Aussetzen von Igeln die Schlangenplage zu bekämpfen
versucht; indessen habe ich nie erfahren können, mit
welchem Erfolge. Auf der einen Seite wird behauptet,
dass der Igel gegen das Schlangengift unempfindlich
sei, während dagegen andere sagen, dass es bei ihm
von der gleichen tödlichen Wirkung ist, wie bei anderen
warmblütigen Tieren. LACHMANN beispielsweise ver-
tritt den letzteren Standpunkt, er schreibt: „Dass aber
der Igel gegen das Gift der Kreuzotter gefeit ist, gehört in das Reich der Fabel; wenn mitunter auch noch
das Gegenteil behauptet wird. Meine diesbezüglichen
vielfachen Versuche haben mir bewiesen, dass der Igel
nicht mehr und nicht weniger giftfest ist, als ein anderes
warmblütiges Tier. Lässt man einen Igel von einer
Otter beissen, derartig, dass das Gift in das Blut dringt,
so stirbt er in einer viertel bis halben Stunde, unter

günstigen Umständen auch erst nach mehreren Stunden; doch kann es auch vorkommen, dass er fast plötzlich verendet, sobald eine Hauptader getroffen wird. Nur sehr selten, vielleicht wenn die Otter hintereinander schon mehrmals gebissen und demnach ihr Gift so gut wie verbraucht hat, dürfte der Fall eintreten, dass der Igel, wie denn auch ein anderes grösseres Tier, mit dem Leben davonkommt. Dass sich der Igel auch nicht für giftfest hält, beweist sein Verhalten der Kreuzotter gegenüber; er ist vor allem darauf bedacht, seine Feindin unschädlich zu machen, deshalb ergreift er die Otter beim Schwanz und rollt sich zusammen. Die nun wütende Otter fährt herum, beisst nach dem Igel, trifft natürlich nur die Stacheln, immer wütender werdend, folgt Schlag auf Schlag, bis sie ihren Kopf derartig zugerichtet, dass sie nichts mehr machen kann. Bis dahin hält der Igel ruhig den Schwanz der Otter fest, nachdem aber die Otter sich nicht mehr wehrt, lässt er los und zerbeisst der Otter den Kopf oder Hals, worauf er sie auffrisst. Hals und Kopf blieben jedoch meist liegen, auch wenn ich einem tote Kreuzottern vorgeworfen hatte." Anders dagegen LENZ, er berichtet: „Am 30. August liess ich eine grosse Kreuzotter, während der Igel seine Jungen säugte, in die Kiste. Ich hatte mich im voraus davon überzeugt, dass diese Otter an Gift keinen Mangel litt, da sie 2 Tage zuvor eine Maus sehr schnell getötet hatte. Der Igel roch sie bald — er folgt nicht dem Gesichte, sondern dem Geruche — erhob sich von seinem Lager, tappte ganz behutsam bei ihr herum, beroch sie, da sie ausgestreckt lag, vom Schwanze bis zum Kopfe und beschnupperte vorzüglich den Rachen, ohne Zweifel, weil er dort Fleisch roch. Sie begann zu zischen und biss ihn mehrmals in Schnauze und Lippen. Ganz zufrieden mit dieser Begegnung, ihrer ohnmächtigen Wut spottend, leckte er sich, ohne zu weichen, gemächlich die Wunden und bekam einen derben Biss in die hervortretende Zunge. Ohne sich beirren zu lassen, fuhr er fort, die Wütende und immer wieder Beissende zu beschnuppern, berührte sie öfters mit den Zähnen, ohne aber einzubeissen. Endlich packte er schnell ihren Kopf, zermalmte ihn, trotz ihres Sträubens, samt Giftzähnen und Giftdrüsen zwischen seinen Zähnen und frass dann weiter bis zur Mitte des Leibes. Jetzt hörte er auf und lagerte sich wieder zu seinen Jungen, die er säugte. Abends frass er noch das übrige und eine junge, frisch geborene Kreuzotter. Am folgenden Tage frass er wieder 3 frisch geborene Ottern und befand sich nebst seinen Jungen sehr wohl, auch war an den Wunden weder Geschwulst noch sonst etwas derart zu sehen. Am 1. September ging's wieder zur Schlacht. Er näherte sich wie früher der Otter, beschnupperte sie und bekam eine gute Portion Bisse ins Gesicht, in die Borsten und Stacheln. Während er so schnupperte und sich die Bisse wohl schmecken liess, besann sich die Otter, die sich bis jetzt vergeblich abgemüht, sich auch tüchtig an seinen Stacheln gestochen hatte, und suchte sich aus dem Staube zu machen. Sie kroch in der Kiste umher, er folgte ihr schnuppernd nach und bekam, so oft er mit der Nase ihrem Kopfe nahe kam, tüchtige Bisse. Endlich hatte er sie in der Ecke, wo seine Jungen lagen, ganz in der Enge. Sie sperrte den Rachen, mit gehobenen Giftzähnen, weit auf; er wich nicht zurück; sie fuhr zu und biss so heftig in seine Oberlippe, dass sie eine Zeitlang hängen blieb. Er schüttelte sie ab; sie kroch weg; er wieder nach, wobei er wieder einige Bisse bekam. Das Wesen hatte wohl so 12 Minuten gedauert. Ich hatte 10 Bisse gezählt, die er in die Schnauze erhalten, und 20, welche die Luft, seine Borsten oder Stacheln getroffen hatten. Ihr Rachen, von den Stacheln verletzt, war von Blut gerötet. Er fasste jetzt ihren Kopf mit den Zähnen, aber sie riss sich los und kroch wieder weg. Ich hob sie nun am Schwanze heraus, packte sie hinter dem Kopfe und sah, da sie sogleich den Rachen aufsperrte, um mich zu beissen, dass ihre Giftzähne noch in gutem Stande waren. Als ich sie wieder hingeworfen, ergriff er ihren Kopf wieder mit den Zähnen, zerknirschte ihn und frass sie dann langsam, und ohne sich an ihr vieles Winden und Krümmen zu kehren, worauf er zu seinen Jungen eilte und sie säugte. Alt und jung blieben gesund und keine Spur von üblen Folgen war zu schauen. Seitdem hat der Igel oftmals wieder mit demselben Erfolge gekämpft, und immer zeigte sich's wieder, dass er den Kopf jedesmal zuerst zermalmt."

Eigentümlich berührt uns der krasse Widerspruch in den Schilderungen dieser beiden, im allgemeinen zuverlässigen Autoren; und wie sie, widersprachen sich auch die anderen, die gleichfalls über den Gegenstand berichtet haben. Sicher ist es jedenfalls, dass der Igel oft mehrere Bisse ohne nachteilige Folgen ertragen kann, sicher auch, dass er an ihnen zugrunde gehen kann. Welches die Ursachen dieser verschiedenartigen Erscheinung sind, ist sicher noch nicht festgestellt, meine eigene Anschauung ergibt sich aus meinen späteren Ausführungen über die Wirkung des Giftes.

LENZ verdanken wir aber auch noch zahlreiche Untersuchungen und Beobachtungen über das Verhalten anderer Schlangenfeinde der Kreuzotter gegenüber. Zunächst fütterte er zwei junge Mäusebussards, welche die ihnen vorgeworfenen Blindschleichen und Ringelnattern stets sorglos und mit grösstem Appetit verzehrt hatten, mit Kreuzottern. Die Vögel zeigten sich ihnen gegenüber anfangs sehr reserviert, was bei den Blindschleichen und Ringelnattern nie der Fall war, und gerieten beim Angriff auf die Schlangen, die sich ihrer Feinde durch

Zischen und Bisse zu erwehren versuchten, offenbar in
Schrecken und Aufregung. Schreiend und mit ge-
sträubtem Gefieder gingen sie kämpfend gegen die Ottern
immer wieder vor, um ihnen endlich mit wohlgezielten
Schnabelhieben den Kopf zu zerschlagen. Es ist meines
Erachtens aber falsch, wenn LENZ dabei aus dem Verhalten dieser beiden Vögel den Schluss zieht, dass sie
die Kreuzotter sofort von den anderen Schlangen als
eine gefährliche Art erkannt haben. Denn zunächst
waren bei dem Versuch, wie LENZ selbst schreibt,
eine Menge Zuschauer vorhanden, wodurch die Vögel
allein schon eingeschüchtert wurden. Dann hatten sich die
ihnen vor den Kreuzotterversuchen dargereichten Blindschleichen und Ringelnattern nie sonderlich gewehrt, die
Kreuzotter verteidigte sich aber, laut zischend und wütend
nach ihren Angreifern beissend, kein Wunder also, dass
die Vögel über dieses ihnen völlig neue Verfahren ver-
blüfft und erschreckt wurden. Dafür, dass ihnen das
Unterscheidungsvermögen zwischen giftigen und un-
giftigen Schlangen abgegangen ist, spricht auch der Umstand, dass Blindschleichen und Ringelnattern die ihnen
nach den Kreuzotterversuchen dargereicht wurden, von
ihnen gleichfalls vorsichtiger und behutsamer ergriffen
worden sind. — Ein Eichelhäher sprang lebhaft auf die
ihm vorgelegten Kreuzottern zu und zerspaltete ihnen
den Kopf, den Bissen der Schlangen dabei immer mit
Geschick ausweichend. Auch Raben- und Nebelkrähen
gingen den Ottern auf eine ähnliche Art und Weise zu
Leibe. Ein wesentlich anderes Verhalten bekundete
dagegen ein junger Kolkrabe. LENZ erzählt: „Als der
Rabe bald flügge war, aber noch nicht selber frass, liess
ich 5 Blindschleichen in seine Kiste, die er aber wenig
berücksichtigte, doch zuweilen mit seinem Schnabel etwas
kneipte. Einige Tage später brachte ich ihm eine
2¹/₂ Fuss lange Ringelnatter. Da ich sie ihm vorhielt,

biss er mehrmals nach ihr, ohne Bosheit dabei zu verraten;
da sie sich aber infolge der Bisse heftig bewegte, und
zischte, schrie er laut, wurde böse und versetzte ihr noch
einige derbe Bisse, worauf sie hinfiel und zwischen seinen
Füssen herumkroch. Dies machte ihn etwas scheu; er
schlug mit den Flügeln, trampelte mit den Füssen,
schrie und biss einigemal nach ihr. Ich nahm sie weg
und hielt statt ihrer eine Kreuzotter hin, doch so, dass
sie ihn nicht beissen konnte. Bei diesem Anblick ver-
riet er weit mehr Scheuheit und Bosheit als vorher; er
schrie, sprang zurück und biss mehrmals nach der Otter
hin. Diese Otter war ein sehr schönes Männchen mit
fast rein weisser Grundfarbe und pechschwarzer Zeichnung. Die auffallende bunte Farbe, verbunden mit ihrem
Gezische und drohendem Blicke, mochte ihm doch
wunderlich vorkommen: denn als ich ihm gleich nach-
her ein mattbraunes Otternweibchen, das schon 8 Monate
gefastet hatte, vorhielt, betrug er sich gegen dieses wie
gegen die Natter und versetzte ihm einige Bisse, die es
jedoch nur durch Zischen beantwortete." — Ein junger
Storch verschlang eine Kreuzotter lebend. Die Schlange
biss ihn aber dabei hinter die Zunge, wodurch sich im
Munde des Vogels eine grosse Geschwulst bildete, aber,
nachdem LENZ in ihr einen Einschnitt gemacht hatte,
ohne jede nachteiligen Folgen für den Vogel sich wieder
verlor. Der Storch ging einige Zeitlang an keine Schlange
mehr heran und bearbeitete sie später, als er den Vorfall
überwunden hatte, immer bis zur völligen Ohnmacht
mit seinem Schnabel, ehe er sie frass. Ein Turmfalke
griff eine Otter an, zog sich aber, nachdem er einen Biss
erhalten hatte, der ihm $3\frac{1}{2}$ Stunden später den Tod
brachte, scheu zurück; ein Raubwürger tötete eine, allerdings von der Winterkälte ermattete Otter durch Schnabel-
hiebe, zerriss sie und frass sie teilweise auf. — Ein
Iltis machte sich gleichfalls über eine lebende Kreuz-

otter her und frass sie auf, mehrere von ihr erhaltene
Bisse blieben ohne alle nachteilige Folgen. Ein Baum-
marder ging nur an tote, kleines und grosses Wiesel auch
an lebende Ottern, ein Frettchen wich der Schlange
aus und liess sie unbehelligt. Von zwei gebissenen kleinen
Wieseln starb eines, das andere tötete LENZ, ein ge-
bissenes grosses Wiesel dagegen erholte sich von den
Folgen des Bisses. Auch ein Dachs rückte lebenden
Kreuzottern zu Leibe und vertilgte sie.

So sehr ich LENZ nun als zuverlässigen Beobachter
schätze, so wenig kann ich mich doch auch des Gefühles
erwehren, als ob er seine Schilderungen mit einer grossen
Voreingenommenheit niedergeschrieben hat zugunsten
der Ansicht, dass die meisten Schlangenfeinde instinktiv
die giftigen von den unschädlichen Schlangen unterscheiden können. Das ist, wie ich früher schon gesagt
habe, meiner Überzeugung nach aber nicht der Fall
und wo es so scheint, sind die Tiere eben durch die
Erfahrung bereits gewitzigt worden.

Nachdem wir nun im vorstehenden die Kreuzotter
kennen gelernt haben, wollen wir im folgenden noch
die Wirkungen ihres Bisses bei Tieren und Menschen
betrachten und danach versuchen, uns ein Bild über
ihre Gefährlichkeit zu zeichnen.

Der Giftapparat der Kreuzotter ist im Oberkiefer
untergebracht und besteht in den beiden Giftzähnen,
die je nach der Grösse der Schlange 3—5 mm messen,
mehreren Ersatzzähnen für diese, die innerhalb eines gewissen Zeitraumes oder nach Verlust der ersteren an
deren Stelle treten, und der Giftdrüse. Die Giftzähne
sind hakig nach innen gekrümmt, von einem feinen
Kanal durchzogen und stehen durch diesen mit der

Giftdrüse in Verbindung. Beim Öffnen des Rachens richten sich die in der Ruhe zurückgelegten Giftzähne empor, wobei ein starker, die Drüsen umgebender Muskel auf diese drückt und den Austritt des Giftes in den Zahn veranlasst. Beisst nun die Schlange zu, so strömt das Gift aus dem Zahn in die Wunde des gebissenen Tieres oder Menschen. Die Menge des ausfliessenden Giftes ist keine grosse, sie stellt durchschnittlich 2 Tröpfchen von etwas über Stecknadelkopfgrösse dar, ist aber naturgemäss von der Grösse der Schlange selbst abhängig; sie wird ferner geringer, je öfter und rascher die Schlange hintereinander beisst, und ist eine reichlichere, wenn die Schlange längere Zeit überhaupt nicht gebissen hat. Der Ersatz des verbrauchten Giftes geschieht sehr rasch.

Das Gift ist eine durchsichtige, wasserhelle, leicht gelblich oder grünlich gefärbte Flüssigkeit, die an der Luft rasch eintrocknet, dadurch aber selbst nach Jahren nichts an seiner Wirksamkeit einbüsst. Das Gift einer Viper, die 20 Jahre in Weingeist gelegen hatte, führte beispielsweise noch nach 2 Stunden 37 Minuten den Tod eines damit geimpften Sperlings herbei. — Trotz zahlreicher Untersuchungen aber sind wir über die eigentliche Natur des Giftstoffes noch im unklaren und wissen nur, dass es einen Eiweisskörper darstellt. —

Über seine Wirkungen auf Tiere liegen sehr viele Berichte vor. Ich verweise hier zunächst auf die schon früher zitierten Beobachtungen von LACHMANN am Igel, sowie von LENZ ebenfalls am Igel und anderen Tieren mehr. Der erstgenannte hat, um die Wirkung von Gegenmitteln zu erproben, gleichfalls seine Versuche nicht nur auf den Igel beschränkt, sondern sie auch an einer Reihe anderer Tiere vorgenommen und gefunden, dass Ratten in längstens 8 bis 11 Minuten, Meerschweinchen ungefähr in derselben Zeit, Mäuse in 5 bis 6 Minuten, Kaninchen

in 15 bis 18 Minuten, Igel in 15 bis 30 Minuten und nur
unter günstigen Bedingungen nach mehreren Stunden
verendeten. Von 4 Hunden starb einer in 40 Minuten,
ein anderer in 1 Stunde 6 Minuten und der dritte in
1 Stunde 10 Minuten, während der vierte, nachdem er
drei Tage gekränkelt hatte und sein Fuss stark angeschwollen war, mit dem Leben davon kam und nach
einer Woche wieder wohlauf war. Fälle, dass Hunde
einen Kreuzotternbiss sehr gut überstanden haben, sind
überhaupt sehr viele bekannt geworden, umgekehrt aber
auch wieder solche, wo die gebissenen Hunde zugrunde
gegangen sind. LENZ verdanken wir gleichfalls noch
zahlreiche weitere Angaben ausser den schon erwähnten,
er schreibt u. a.: „Kreuzschnäbel, Goldammern, Sperlinge,
Finken, Neuntöter starben nach Verlauf einiger Minuten;
eine in den Kopf gebissene Fledermaus war nach
2 Minuten tot, eine in den Flügel gebissene nach
2 Stunden. Feuersalamander starben nach $1\frac{1}{2}$ bis $1\frac{1}{2}$ Stunden; zwei Frösche wurden krank, erholten sich aber
dann wieder, Eidechsen starben nach einigen Stunden
oder Tagen, eine Blindschleiche nach 15 Stunden, eine
Ringelnatter, die ich tüchtig beissen liess, blieb gesund
und leistete dann der Otter in deren Kiste gute Gesellschaft." Den Verlauf eines Bisses an einer Katze schildert Professor L. HOFFMANN: „Das Kätzchen blieb
trotz der zahlreichen Bisse lange Zeit, über eine halbe
Stunde, ganz munter, dann trat erschwertes Atmen ein
und es erfolgten Lähmungserscheinungen, die allmählich
so hochgradig wurden, dass das Tierchen regungslos
liegen blieb, dass man ihm die verschiedensten Lagen
und Stellungen beibringen, ja dass man es für tot halten
konnte. Nach einiger Zeit erholte es sich, und zwar
einigemal so vollkommen, dass es wie ganz gesund und
geheilt umherging, auf Anlocken folgte und Nahrung
aufnahm. Erst nach fünf Stunden trat der Tod ein;

niemals erfolgten Krämpfe, auch kaum Anschwellung." Auch BLUM führt in seiner vortrefflichen Arbeit über die Verbreitung der Kreuzotter in Deutschland gleichfalls mehrere hierher gehörende Fälle an. „Pferde, Rinder, Schafe und Ziegen werden zuweilen auf der Weide oder beim Fressen im Walde, während des Auf- und Abladens von Holz, verletzt, besonders Hunde sehr oft auf der Jagd. Meistens kommen die Tiere mit einer starken Anschwellung davon, welche nach wenigen Tagen wieder verschwindet; es liegen aber auch Beispiele vor, dass selbst bei Pferd und Rind der Tod die Folge war." Er gibt auch eine Mitteilung des Kreistierarztes Dr. IWERSEN wieder, der ihm schreibt: „Ich hatte im Jahre 1885 dreimal Gelegenheit, die Wirkung des Kreuzotterbisses zu beobachten und zwar an 2 Kühen und einem Jagdhunde. Bei der ersten Kuh war die von der Injektion des Giftes entstandene Geschwulst so mächtig, dass die Kuh erstickte. Die beiden anderen Tiere genasen nach innerlicher und äusserlicher Anwendung von Salmiakgeist. Bei dem Hunde schwoll der gebissene Vorderfuss so stark an, als der Hund an Leibesumfang hatte."

An diesen Berichten, die sich noch um ein beträchtliches vermehren liessen, fällt uns sofort auf, dass eine Anzahl Tiere ziemlich rasch den Wirkungen des Giftes erliegen, andere dagegen ihm scheinbar zu trotzen vermögen und dass diese Doppelwirkung des Giftes sich sogar bei Tieren ein und derselben Art beobachten lässt. Wenn wir uns nun aber vergegenwärtigen, dass die Wirkung des Giftes abhängig ist von der in die Wunde eingedrungenen Menge, von der Grösse sowohl der Schlange wie auch des gebissenen Tieres, vielleicht auch beeinflusst wird von der Temperatur zur Zeit des Bisses — an heissen und schwülen Tagen, an denen die Schlange besonders gern zum Beissen neigt, der tierische Orga-

nismus aber matt und empfänglicher für das Gift ist,
werden seine Wirkungen auch grössere sein —, dass
ferner eine dicke Haut oder eine starke Fettschicht
unter dieser, ein dichtes Haar- oder Federkleid gegen
das Eindringen des Giftes in das Blut oft einen wirk-
samen Schutz bilden, und dass ferner der Umstand, ob
der Biss eine Haupt- oder Nebenader, eine Arterie oder
eine Vene getroffen hat, von grosser Bedeutung ist, so
erklären sich uns leicht die verschiedenartigen Folgen
eines geschehenen Bisses. In einigen wenigen Fällen
scheinen diese Gründe freilich zu versagen, wir können
ein Urteil über sie aber nicht mehr fällen, weil wir die
sie begleiteten Nebenumstände nicht kennen; vielleicht
macht auch eine geringe, nicht mehr tödlich wirkende
Menge ein Tier gegen dasselbe unempfindlich (immun).
Wir könnten uns dann mit dieser Tatsache u. a. namentlich eine Reihe LENZscher Erfahrungen erklären, wenn
wir dabei annehmen, dass bei einem ersten Biss eine
nur kleine Menge Gift das Tier immunisiert und unempfindlich für weitere Bisse gemacht hat. Im allgemeinen lässt sich der Satz aufstellen, dass das Kreuzotterngift von tödlicher Wirkung auf den tierischen
Organismus ist und dass sich diese Wirkung um so
rascher und sicherer äussert, je rascher und voll-
kommener der Blutumlauf des gebissenen Individuums
ist, dass die Folgen des Bisses an sich aber nicht
immer unbedingt nachteilige sein müssen.

Nicht einmal die Schlangen selbst sind gegen das
Gift gefeit. Wenn es auch eine Anzahl hervorragender
Forscher gewesen sind, die das gerade Gegenteil behauptet, andere ihnen freilich auch entschieden wider-
sprochen haben, so ergibt sich doch aus den neuerdings
angestellten Versuchen des Franzosen PHISALIX die
Bestätigung des ersteren Satzes. Der Genannte löste
trockenes Kreuzotterngift in Salzwasser auf und spritzte

diese Lösung in allmählich wachsenden Mengen in die Bauchhöhlen von Ottern und Nattern. Bis zu einer Dosis von 40 mg reagierten die Schlangen weniger auf Reize und wurden in ihren Bewegungen langsamer. Nach 4 bis 5 Tagen waren die Folgen der Injizierung aber wieder überstanden. Erst Mengen von 100 bis 200 mg waren nötig, um eine Schlange sicher zu töten. Wurde das Gift indessen in die Schädelhöhle eingeführt, so riefen den Tod schon geringere Mengen, 2 bis 4 mg, hervor. —

Die Wirkungen des Giftes bei den Menschen nun sind die gleichen wie bei den Tieren, es kann unter besonders ungünstigen Umständen den Tod herbeiführen oder die Ursache zu schwereren Erkrankungen und längerem Siechtum bilden. Ich halte es für nötig, dies mit aller Entschiedenheit zu betonen gegenüber jenen neueren Versuchen, dem Kreuzotterngift seine tödliche Wirkung ganz abzusprechen. Freilich verhält es sich auch hier wie dort, der Verlauf der Bisse selbst ist ein verschiedenartiger und in den weitaus meisten Fällen weniger gefährlicher Natur: durch die Otter bewirkte Todesfälle gehören schon zu grossen Seltenheiten. Ich füge zunächst einige Fälle von solchen hier an.

In Rauschenbach bei Marienbad (Böhmen) wurde am 2. August 1889, einem heissen Tage, eine Frau beim Pilzesuchen in den rechten Fuss oberhalb des Knöchels gebissen: die Frau schenkte dem Biss aber keine Beachtung und ging noch eine Stunde ihrer Beschäftigung nach. Erst als sie die ersten Schmerzen verspürte, tauchte sie den Fuss in das Wasser eines Baches; die Schmerzen wurden aber stärker, ein Ohnmachtsanfall trat ein und die Frau musste nach Hause gefahren werden. Während der Fahrt stiegen die Schmerzen aufs höchste, die Frau gebärdete sich wie eine Wahnsinnige und stiess laute, unartikulierte Laute aus. Trotzdem, zu

Hause angekommen, sofort ärztliche Hilfe (Badearzt
Dr. HAMMER in Langerberg) zur Stelle war, war eine
Rettung nicht mehr möglich, die Frau verschied abends
10 Uhr an den Folgen des nachmittags gegen 4 Uhr er-
haltenen Bisses. — In Kundraditz in Böhmen ferner
wurde, wie mir Herr Dr. GLÄSSNER schreibt, am
16. Juli 1902, gleichfalls einem heissen Tage, ein
17 jähriges Mädchen beim Futtereinfahren auf einer
Wiese ebenfalls in den unbekleideten Fuss oberhalb des
Knöchels gebissen. Das Mädchen wurde ohnmächtig
und in die nahe Wohnung gebracht, worauf Übelkeit,
Angstgefühl, Erbrechen und schliesslich Krämpfe ein-
traten. Auch hier kam ärztliche Hilfe zu spät, das
Mädchen war 2 Stunden später eine Leiche. Lokal war
die gebissene Stelle angeschwollen und deren Umgebung
blaurot verfärbt.

Diesen beiden, mir zuverlässig bestätigten Fällen
stelle ich noch einige weitere, von BLUM in seinen
Kreuzotternwerk mitgeteilte zur Seite, bemerke dabei
aber gleich, dass nicht alle der vom genannten Autor
angeführten Anspruch auf absolute Glaubwürdigkeit besitzen und eine sorgfältige Kritik kaum aushalten dürften.

In Megesheim bei Nördlingen wurden am 19. November 1881 zwei Männer beim Aufladen von Laubstreu
im Walde von einer Kreuzotter in den Arm gebissen;
sie glaubten, sie hätten sich geritzt, da sie von dem
Tiere nichts wahrgenommen hatten. Erst als sie beim
Nachhausekommen bemerkten, dass der Arm anschwoll,
liessen sie ärztliche Hilfe herbeiholen; allein es war
schon zu spät. Der eine von ihnen starb am 20., der
andere dagegen am 26. November. Im August des
darauffolgenden Jahres wurde die Witwe des einen Ver-
storbenen in ihrem Milchkeller von einer jedenfalls dahin verschleppten Kreuzotter in den blossen Fuss gebissen.
Die Wunde wurde sofort kräftig ausgesogen, der Fuss

fest unterbunden und ärztliche Hilfe sofort in Anspruch genommen. Trotz energischer Mittel verschlimmerte sich der Zustand, und erst nach einjährigem Leiden war die Frau endlich genesen. Dieser Fall ist BLUM vom Bürgermeisteramt Megesheim bestätigt worden. — Kreisdirektor SITTEL in Metz schreibt BLUM: „Vor zirka 7 Jahren (1878) erlag das 6 Jahre alte Söhnchen meines Amtsvorgängers, welches beim Pflücken eines Maiblümchens von einer Kreuzotter oberhalb des linken Kniegelenkes in den Oberschenkel gebissen worden war, nach zweitägigem Leiden unter den grässlichsten Konvulsionen und Schmerzen, obwohl die Wunde sofort ausgesogen und später ausgebrannt worden war." Dann teilt ihm auch Oberlehrer Dr. WAGNER in Fulda mit: „Vor etwa 10 Jahren wurde am Stoppelsberg bei Neukirchen ein Säugling, den die Mutter in der Heuernte an den Waldesrand gelegt hatte, von einer Kreuzotter mit tödlichem Ausgange gebissen. Einige Jahre später unterlag ein Schulknabe, den eine solche Bestie dortselbst im Walde ins Bein gebissen hatte, nach mehreren Monaten seinen Leiden." Ein Nachprüfen dieser Fälle wäre immerhin noch von Wert, denn manches an ihnen dünkt mir sehr unwahrscheinlich. Weiter meldet Dr. med. EHRLE in Isny (Württemberg): „In 18 Jahren beobachtete ich 4 Bisse (1 Kind und 3 Erwachsene). Einer der Erwachsenen erkrankte schwer dadurch, dass er die Bissstelle an der Hand mit dem Munde aussog, und dass das Gift durch die zufällig verletzte Oberlippe nochmals eindrang. Er bekam die Gesichtsrose mit Delirien und wurde erst nach vier Wochen wieder gesund. Auch bei den anderen Gebissenen stellte sich eine bedeutende Gehirnhyperämie mit Unvermögen, sich aufrecht zu erhalten, ein. Einer bekam Erbrechen und Diarrhöe. Die örtlichen Erscheinungen waren gering. Bei der zarten Haut des gebissenen Kindes entstanden zwei Brandblasen."

Viele andere Autoren teilen gleichfalls noch manche hierher gehörenden Fälle mit, darunter namentlich auch solche mit leichter verlaufenen Folgen; die aufgeführten mögen aber genügen, um so mehr, als m. E. die Mehrzahl jener, wenn nicht gar alle noch sehr der Bestätigung bedürfen.

Die Gefühle, die der Gebissene empfindet, sind ebenso verschieden, wie der Verlauf der Folgeerscheinungen des Bisses. LACHMANN schildert sie uns auf Grund gesammelter Erfahrungen, er schreibt: „Der Gebissene fühlt gewöhnlich sofort nach erhaltenem Biss einen sich mit Blitzesschnelle durch den Körper verbreitenden, mit nichts vergleichbaren Schmerz, doch findet mitunter auch das Gegenteil statt, dass kein anderer Schmerz empfunden wird, als der, welcher das Ritzen eines Dornes verursacht, die Verwundung daher als völlig ungefährlich betrachtet wird. Doch bald stellen sich die weiteren Folgen ein, als da sind: grössere oder geringere Anschwellung des gebissenen Gliedes, Ausdehnung der Schwellung über benachbarte Körperteile, die beginnende Blutzersetzung zeigt sich in Flecken von blauer, grüner, roter Farbe, die Wunde selbst färbt sich bläulich, dann schwärzlich; die Gehirntätigkeit leidet, es stellt sich mitunter das Unvermögen: sprechen, hören und sehen zu können, ein, Betäubung, Ohnmachten, Harnbeschwerden, Übelkeit und wirkliches Erbrechen, unfreiwilliger Stuhl, leichenartiges Aussehen, eigentümliche Kälte des Körpers, Aufregung des gesamten Nervensystems, fürchterliche Schmerzen und vieles andere. Mit fortwährend zunehmender Schwäche lässt der Schmerz allmählich nach, vor seinem Ende scheint dann der Vergiftete keine Schmerzen mehr zu fühlen und in dumpfer Bewusstlosigkeit gibt er seinen Geist auf. Bei raschem Verlauf schwillt das gebissene Glied gewöhnlich nicht sehr an. ... Der Tod kann schon 20 Minuten nach dem Biss, oder wenn eine Hauptader getroffen wurde, fast plötzlich eintreten. Je grösser und wütender die Schlange, je heisser die Witterung, um so fürchterlicher ist die Wirkung des Bisses." Der Tod tritt durch Lähmung der Atmungszentren, des Herzens oder durch Blutergüsse in das verlängerte Mark ein.

Ein wirksames Gegengift gegen das Schlangengift besitzen wir nicht. Das letztere besteht ja aus Eiweisskörperchen, die mit den in unserem Blute enthaltenen und für die Lebenstätigkeit notwendigen Eiweissverbindungen so nahe verwandt sind, dass ein Gegengift bei seiner Anwendung auch diese letzteren mit zerstören müsste. Wir müssen daher bei einem erfolgten Biss zunächst darauf bedacht sein, den Eintritt des Giftes in das Blut möglichst zu verhindern und weiter versuchen, es bereits an der Bissstelle zu zerstören oder es dem Körper wieder zu entziehen. Dem Eintritt des Giftes in das Blut wird gesteuert durch das Unterbinden des gebissenen Gliedes, der Verband muss aber von Zeit zu Zeit gelockert werden, damit das Glied nicht brandig wird. Für die Entfernung des Giftes aus der Wunde empfiehlt sich die Anwendung eines Schröpfkopfes, ein Ausschneiden und Ausblutenlassen, oder das Ausbrennen der Wunde mit einem glühenden Eisen, einer Kohle, einer Zigarre oder mit Höllenstein, die Zerstörung des Giftes erfolgt durch die Behandlung der Wunde mit Brompräparaten, Jodtinktur, Eisenchlorid, übermangansaurem Kali oder starkem Salmiakgeist. Bei dem bereits erfolgten Eintritt des Giftes in das Blut kann sich unsere ganze Tätigkeit nur noch darauf beschränken, durch anregende, belebende Mittel die Lebenstätigkeit des Gebissenen aufrecht zu erhalten. Da hat sich bisher noch immer der Alkohol am wirksamsten erwiesen, der in reichen Mengen genossen werden sollte. Auch starken Kaffee, Tee usw. empfiehlt man. Nur vom Arzte vor-

genommen werden dürfen Kochsalz-, Aether- und Kampfer-
einspritzungen. Die Ausscheidung des Giftes aus dem Blut
geschieht allmählich durch dieses selbst. — Neuerdings
haben sich als ganz besonders wirksam Injektionen von
Serum immunisierter Tiere erwiesen. — Aus dem vorstehend Gesagten ergibt sich das erste Verhalten bei
einem geschehenen Biss von selbst. Ganz entschieden
möchte ich dabei vor dem vielgerühmten Aussaugen der
Wunde warnen; wir sahen früher schon, wie leicht dasselbe weitere Folgen nach sich ziehen kann. Auf alle
Fälle aber und so schnell wie möglich ist ein Arzt zu
Rate zu ziehen; schwerer oder gar tödlich verlaufende
Fälle sind dann nahezu ausgeschlossen. —

Wir haben gesehen, dass die Kreuzotter wirklich
in der Lage ist, durch ihren Biss einen Menschen zu
töten; wir müssen aber, wollen wir ehrlich gegen uns
selbst sein, auch zugeben, dass die Gefährlichkeit der
Schlange an sich, wie ich früher schon behauptete,
meistens recht übertrieben wird und bei weitem keine
so grosse ist, als wie sie allgemein dargestellt wird. Ich
wiederhole auch hier wieder, dass Bissfälle mit tödlichem
oder schwerem Ausgange in Deutschland zu den sel-
tensten Erscheinungen gehören und dass sie an Zahl
beispielsweise weit hinter jenen Fällen zurückstehen,
wo der Tod eines Menschen einmal durch ein Insekt,
durch den Genuss giftiger Pilze usw., bewirkt wird.
Leider fehlen uns über die Zahl der wirklichen Kreuzotternbisse alle statistischen Unterlagen und daher kommt
es auch, dass die Zahl der angeblich tödlich verlaufenen
von den verschiedenen Autoren auch recht verschieden
angegeben wird. Sie schwankt für Deutschland zwischen
50 pro Jahr bei BREHM und 20, 10 bis 15, 12 usw.
bei anderen Schriftstellern. Der Wirklichkeit nach
am nächsten kommen dürfte die mir freilich noch
immer viel zu hoch dünkende Angabe in v. LINSTOWs

„Gifttiere" (Berlin 1894), die auch in VILLARDs „Handbuch für die gesamte Medizin" (1900) übergegangen ist und nach der im Deutschen Reiche innerhalb 10 Jahren von 216 von Kreuzottern gebissenen Personen 14 gestorben sind. Leider sagt uns v. LINSTOW dabei nicht, woher er seine Zahlen hat. Sie stimmen aber vollkommen überein mit denen, die in BLUMs Kreuzotternwerk von GEITHE anscheinend nur für das kleine Königreich Sachsen gegeben worden sind und entbehren danach hier wie dort jeder Beweiskraft. Ich habe früher schon an anderer Stelle ausgeführt, dass ich in Sachsen sicher beglaubigte Todesfälle durch Otternbisse bisher nicht in Erfahrung habe bringen können. Der „Vogtländische Anzeiger" in Plauen hatte es vor einigen Jahren unternommen, die aus dem mit Kreuzottern ganz besonders reich gesegneten Vogtlande gemeldeten Todesfälle durch Kreuzotternbisse auf ihre Richtigkeit hin zu prüfen, und dabei festgestellt, dass sich hier ein solcher während eines Zeitraumes von 30 Jahren überhaupt nicht nachweisen lässt. In ganz gleichem Sinne äussert sich auch KÖHLER, er schreibt in bezug auf das kreuzotternreiche Quellgebiet der Zwönitz in Sachsen „... doch ist bisher an den zahlreichen Fällen der vom Einsender kontrollierten letzten 50 Jahre keiner mit tödlichem Ausgange bekannt", und weiter: „um Klarheit zu schaffen, unterzog sich vor etwa 18 Jahren Einsender der Mühe, über jeden in der Zeitung gemeldeten Todesfall, auch ausserhalb Sachsens, durch die betr. Ortsbehörden nähere Auskunft einzuziehen. Die Resultate waren überraschend. Keine von allen Antworten, die ausser von Sachsen, noch von Thüringen, Pommern, Schlesien und Hannover eingingen, bestätigten den Todesfall. In allen Fällen hatte die Krankheit 3 Tage nicht überschritten. Einige waren vollständig erfunden, und dies waren gerade die mit allen gruseligen Einzelheiten ausgeschmückten."

Aehnlich wie in Sachsen liegen die Verhältnisse auch
in anderen deutschen Gebieten. In Württemberg beispielsweise ist nach Prof. L. HOFFMANN noch niemand an
einem Kreuzotternbiss gestorben und auch kein sicher
beobachteter Fall vorhanden, dass ein Mensch infolge
eines Kreuzotternbisses schwer erkrankt sei. Im Gegensatz hierzu steht nun freilich der von BLUM mitgeteilte
und auch von mir wiedergegebene Fall aus Megesheim
bei Nördlingen. Auch für Hannover vermag LÖNS
keinen aktenmässig beglaubigten Todesfall durch einen
Otternbiss nachzuweisen. In seiner Arbeit „Die Verbreitung der Kreuzotter in Mähren und Österreichisch-
Schlesien endlich berichtet H. LAUS nur von einigen
wenigen, durch Kreuzotternbisse hervorgerufenen, mehr
oder weniger rasch geheilten Erkrankungen, nicht aber
auch von Todesfällen. Einige ganz besonders charak-
teristische Angaben entnehme ich seiner Arbeit wörtlich:
„Fast alljährlich kommen Fälle vor, dass Menschen von
Kreuzottern gebissen werden, sie haben aber nie tödlichen
Ausgang gehabt (Frischau bei Neustadt) . . . . Dr. KOLL-
NATI fand die Kreuzotter z. B. auf dem sogenannten
Reit- und Vegetationswege zwischen der Kriech und der
Einsattelung des Petersteins, besonders zwischen 10 und
3 Uhr, entweder zusammengeringelt im Grase oder in
einem Gesträppe sich sonnend in unzähligen Exemplaren,
dann an den steinigen Abhängen der hohen Heide. Dort
werden sie den beerensammelnden Leuten zuweilen,
doch sehr selten, gefährlich. Tatsächlich gehen hier alle
Wurzelgräber und Beerensammler barfuss durch das
Gestrüpp, und man hört im Hochgesenke trotzdem sehr
wenig von Schlangenbissen . . . . In der Umgebung von
Ullersdorf beschäftigen sich die ärmeren Kinder während
des Sommers mit dem Sammeln von Beeren, die sie im
Kurorte verkaufen. Bei dieser Gelegenheit pflegen sie.
um sich vor Ottern zu schützen, ihre nackten Füsse und

Beine mit dem Safte einer Pflanze, des sogenannten
Liebstöckels (*Levisticum officinale*) einzureiben, da die
Ottern angeblich den stark riechenden Saft nicht ver-
tragen(?) .... In diesen Steinhaufen, dann aber auch
auf den benachbarten Feldern und Wiesen (bei Christ-
dorf) sind die Kreuzottern nichts seltenes. Es ist zu
verwundern, dass man von Schlangenbissen fast gar nie
hört, obwohl die Leute sogar in der nach Hause gebrachten Heufuhre die gefährlichen Tiere angetroffen
haben. Nur ein einziger derartiger Fall geschah vor
Jahren, der Gebissene hatte an den Folgen monatelang
zu leiden." -— Wenig im Einklang mit diesen Tatsachen
stehen allerdings die meisten Schilderungen der Kreuzotter und die von manchen Autoren in so reicher Fülle
mitgeteilten Todesfälle. Sie sind von ihnen aber niemals
nachgeprüft worden, sondern meistens kritiklos (so z. B.
auch von LACHMANN) aus den Tageszeitungen aufgenommen worden. Die Meldungen der Tageszeitungen
aber sind, wie ich schon vor Jahren nachzuweisen versucht habe und wie es auch KÖHLER bestätigt, meistens
vollständig erfunden oder durch die Phantasie der Re-
porter aufgebauscht und entstellt. Auch dafür ein Beispiel von vielen. Die Reichenberger Zeitung (Böhmen)
meldete unterm 14. August 1902, dass in der Umgegend
von Schöneck im sächsischen Vogtlande eine Frau und
ein Knabe beim Sammeln von Blaubeeren von Kreuzottern gebissen worden seien und dass die Frau bereits
nach kurzer Zeit den Folgen des Natternbisses(!) erlegen
sei. Sie stützte sich bei dieser Meldung auf eine schle-
sische(!) und eine ostpreussische(!) Zeitung. Auf meine
Anfrage wurde mir vom Stadtrat zu Schöneck mitgeteilt,
dass diese Nachricht vollständig aus der Luft gegriffen
worden und nur vor Jahren einmal ein Knabe ohne
grosse, nachteilige Folgen von einer Kreuzotter gebissen
worden ist. Interessant dabei ist, dass gerade von

Schöneck derartige Fälle recht oft gemeldet werden. — Neben der Tagespresse sind es aber auch eine Anzahl professioneller Reptilienjäger, die über die Gefährlichkeit der Kreuzotter so viel unrichtiges in die Welt hinausposaunen und leider selbst bei ernsten Männern allzu willig Gehör finden. Sie sind nun einmal eitel wie andere Menschen ja auch und lieben es, ihren bei etwas Vorsicht völlig ungefährlichen Beruf mit einem gewissen Nimbus zu umgeben und sich als Helden feiern zu lassen.

Wäre die Kreuzotter tatsächlich so gefährlich, als wie sie in der Regel dargestellt wird, so müssten bei ihrer grossen Häufigkeit an so vielen Orten sich Bissfälle auch weit zahlreicher ereignen. Die Häufigkeit der Kreuzotter ist nach meinen langjährigen Erfahrungen vielerorts sogar eine viel grössere, als man gemeinhin annimmt. Eben dadurch, dass ihre Farbe so sehr dem Boden ihres Aufenthaltsortes ähnelt und dass sie sich beim Nahen des Menschen meistens viel früher und lautloser aus dem Staube macht, als unsere anderen Schlangen, entgeht ihre Anwesenheit nicht selten sogar dem geübten Auge. Die ausgeprägte Verteidigungsstellung, die glatte Nattern oft schon einnehmen, wenn man noch gar nicht an sie herangekommen ist, habe ich in dieser auffallenden Weise an der Kreuzotter — und ich habe sie gewiss schon zahlreich angetroffen — niemals beobachten können: meistens erst, wenn ihr die Flucht abgeschnitten ist, setzt sie sich zur Wehr und selbst im Momente höchster Gefahr ist sie vielfach noch eher zur Flucht, als zum Bisse bereit. Sie beisst meinen Erfahrungen nach auch weit seltener als wie die glatte Natter — mancher der angeblichen Kreuzotternbisse mag auf das Konto der letzteren zu setzen sein — und es sind sogar, wenn auch Ausnahmefälle bekannt geworden, wo man die Otter aus Unkenntnis mit blossen Händen vom Boden empor-

gehoben und weite Strecken in der Hand getragen, ja
selbst mit ihr gespielt hat, ohne dass sie dabei den geringsten Bissversuch gemacht hätte.

Das darf uns aber keineswegs von der Vorsicht ihr gegenüber abhalten lassen; an kreuz-
ottergefährlichen Orten sollte man nie barfuss gehen, nie
sich am Boden niederlassen oder eine Beere oder Blume
pflücken, bevor man sich nicht von dem Fehlen der
Schlange überzeugt hat.

❧

Noch manches ist über die Kreuzotter unklar, und
die Schilderungen der Schlange und ihrer Lebensweise
von den verschiedenen Autoren und aus den verschiedensten Gegenden zeigen mitunter so auffallende
Gegensätze, dass man zu einigem Nachdenken darüber
angeregt wird. Es mag ja sein, dass sehr viele Beobachter mit grossen Vorurteilen an das gefährliche
Reptil herangetreten sind und dass sie von diesen Vorurteilen sich haben ungünstig beeinflussen lassen und
dadurch die Ursache von Widersprüchen anderer Autoren
gegenüber geworden sind. Aber nicht immer will dies
zu einer völligen Erklärung ausreichen und mir hat sich
daher, gestärkt durch eigene Beobachtungen, die Überzeugung aufgedrängt, dass unsere Kreuzotter verschiedene
mehr oder weniger ausgeprägte Lokalrassen bildet. Dies
einmal sicher zu untersuchen, wäre eine recht lohnende
und dankbare, freilich auch kostspielige und zeitraubende
Aufgabe für einen Forscher.

❧

Der Kreuzotter sowohl in ihrer Erscheinung wie
auch in der Lebensweise auffallend ähnlich ist die Aspisviper, *Vipera aspis (L.)*, die man lange Zeit hindurch
dieser sogar angegliedert und nur als eine Unterart von

ihr angesehen hatte. Wir können uns bei ihrer Schilderung daher auch kurz fassen, zumal sie ein vorwiegend südeuropäisches Tier ist und in Deutschland nur ganz vereinzelt bei Metz und im oberen Teil des Grossherzogtums Baden (im Schlüchttal und dessen Nebentälern) vorkommt.

Der Körper dieser Schlange ist von der gleichen plumpen Beschaffenheit wie der der Kreuzotter, aber kräftiger und in seiner Mitte etwas dicker. Der Kopf erscheint breiter und flacher und ist vom Halse noch schärfer abgesetzt als wie bei jener, die Schnauzenspitze ist im Gegensatz zu der abgerundeten der Kreuzotter dagegen aufgestülpt. Der kurze Schwanz ist gleichfalls scharf vom Rumpfe abgesetzt und an der Spitze mit einem, beim Männchen etwas längeren, nach abwärts gekrümmten, hornigen Stachel versehen. Auch die Färbung und Zeichnung ist jenen Schwankungen unterworfen, wie wir sie bereits an der Kreuzotter kennen gelernt haben. Die Grundfarbe geht vom hellen, fast weissen Grau ins gelbliche, grünliche, olivenfarbene und rötliche bis zum reinen Kupferrot, Braun in allen Schattierungen vom hell bis dunkel und Schwarz über. Der Ton der Farbe ist bald ein matter, bald ein überaus lebhafter und bewegt sich beim Männchen meistens in helleren, beim Weibchen aber in dunkleren Nuancen. Dagegen fehlt der Aspisviper das dunkle Zickzackband, das die Kreuzotter kennzeichnet; es wird ersetzt durch vier Längsreihen dunkler Flecken, von denen die innenstehenden, fast viereckig erscheinenden die grösseren sind und sich gegenüberstehen oder miteinander abwechseln. Die Farbe der Unterseite wechselt gleichfalls sehr; sie ist bald eine hellere gelblichweisse, gelblichgraue, graue und gelblichbraune, bald eine dunkle graue, braune bis schwarze und erscheint bald in nur einem Ton, bald mehrtonig gemischt und gesprenkelt.

Die Aspisviper ist wärmebedürftiger als wie die
Kreuzotter und findet sich daher auch nur an wärmeren
Orten, wo sie sich steinige Halden und Berghänge, alte
Mauern, Steinbrüche und ähnliche Lokalitäten mehr zu
ihren Aufenthaltsorten erkürt. Ihre nächtliche Lebensweise ist ausgeprägter als wie bei der Kreuzotter, und
ihre Schlupfwinkel verlässt sie tagsüber im Hochsommer
nur während der frühen Morgenstunden oder an trüben,
aber warmen Tagen, im Frühjahr und Herbst auch
einmal um die Mittagszeit. Ihre Nahrung besteht in
kleinen Warmblütlern, vorzugsweise Mäusen und nur unter-
geordnet in jungen Maulwürfen, kleinen Vögeln usw.
Sie wird als noch furchtsamer als wie die Kreuzotter
geschildert und beisst nur, wenn man sie vollständig in
die Enge getrieben und ihr jede Möglichkeit zur Flucht
abgeschnitten hat oder wenn man sie unversehens anfasst. Ihren Winterschlaf tritt sie im Oktober, bei
günstiger Witterung wohl auch erst im November an,
die Beendigung desselben soll nach den einen bereits
im März, nach anderen aber erst im Mai geschehen.
Die Paarung erfolgt 2 bis 3 Wochen später. Im Juli oder
August kommen dann die Jungen — an Zahl 8 bis 15,
wohl auch bis zu 20 — zur Welt. Sie sind 15—20 cm
lang und verlassen wohlausgebildet die Eihülle.

An der Aspisviper haben REDI, FONTANA u. a.
ihre berühmten Versuche über das Schlangengift und
seine Wirkungen angestellt. Die Folgerungen, die
der letztere aus seinen Beobachtungen an über 3000
Vipern und über 4000 von diesen gebissenen oder mit
Schlangengift geimpften Tieren gezogen hat, fasst
LACHMANN mit folgenden Worten zusammen: „Unter
gleichen Umständen ist die grösste Viper die gefähr-
lichste; je wütender das Tier, um so wirksamer das
Gift, je länger sie mit ihren Giftzähnen in der Wunde
bleibt, um so sicherer vergiftet sie. Je langsamer ein

Tier stirbt, um so mehr entwickelt sich die Krankheit an dem gebissenen Teil. Über die Wirkung sagt er, dass das Blut des gebissenen Tieres gerinne, das Blutwasser sich von den Blutkügelchen scheide und sich durch das Zellengewebe verbreite, wodurch der Umlauf des Blutes verhindert und der Tod herbeigeführt werde. Das Blut neigt schnell zur Fäulnis und zieht so die Verderbnis des ganzen Körpers nach sich."

Sonst mögen die Verhältnisse auch hier ähnlich wie bei der Kreuzotter liegen.

Den beiden eben kennen gelernten, in Deutschland vertretenen Vipern reihen wir anhangsweise noch zwei vorwiegend südeuropäische Arten an, die ihren Verbreitungsbezirk allerdings auch bis nach dem benachbarten Österreich ausgedehnt haben.

Es sind dies die Sandotter, *Vipera ammodytes* (*L.*), und die Ursinische Viper, *Vipera ursinii Bonap.* Sie ähneln in ihrer äusseren Erscheinung zwar auffallend den beiden vorbehandelten Arten, lassen sich von ihnen aber auch wieder leicht unterscheiden durch die stark aufgestülpte, zapfenartige und verhornte Schnauze der Sandotter, durch die geringere Grösse, den kleineren Kopf und das kleinere Auge sowie das mehr wellenförmige Zickzackband der Ursinischen Viper. Die letztere ist die lebhafteste und behendeste von allen vier betrachteten Otternarten und wohl ausschliesslich ein Tagetier. Sie zieht zu ihren Aufenthaltsorten sonnige, grasreiche Wiesen vor und stellt hier namentlich kleineren Eidechsen nach. Im benachbarten Österreich ist sie in den niederösterreichischen Landschaften besonders häufig und kommt vor allem in auffallend grosser Zahl in der Nähe des kaiserlichen Lustschlosses Laxenburg bei Wien vor. Die Sandotter, übrigens die giftigste unserer

Vipern, bevorzugt hügelige und gebirgige Gebiete, in denen sie bis zu 1000 m emporsteigt und wählt zu ihrem Aufenthaltsort gestrüpp- und buschreiche felsige Strecken, Gärten, Weinberge u. a. m. In Österreich tritt sie häufig im Süden Steiermarks auf und übertrifft in Kärnten an Zahl und Verbreitung noch die Kreuzotter. Auch in der Umgebung von Bozen in Tirol ist sie sehr zahlreich. — Eine Meldung von ihrem Vorkommen bei Rosenheim in Bayern dürfte auf eine Verwechselung der Schlange mit einer anderen oder auf ein der Gefangenschaft entwischtes Tier zurückzuführen sein.

Die Nattern, *Colubridae*, unterscheiden sich von den Ottern — sofern zuweilen, wie z. B. zwischen der Glatten Natter und der Kreuzotter, aufs erste die Farbe und Zeichnung zu Verwechselungen Anlass geben könnte — für den einigermassen geübten Beobachter doch sofort durch den länglichen, nicht so auffallend vom Halse abgesetzten Kopf, durch den langen, aus dem Körper nur allmählich auslaufenden Schwanz und vor allem durch die geschmeidigen, windungsreicheren Bewegungen gegenüber den bedeutend schwerfälligeren und plumperen der Ottern.

Wir beginnen ihre Betrachtung mit den zu den Wasser- oder Kielrückennattern, *Tropidonotus*, gehörenden zwei Arten der Ringel- und der Würfelnatter und schliessen diesen die Aeskulap- und die Glatte Natter an.

Die Ringelnatter, *Tropidonotus natrix* (L.), ist die harmloseste unserer deutschen Schlangen und setzt sich nicht einmal, wie ihre Verwandten aus dem Nattern-

geschlecht sonst alle, dem Menschen gegenüber durch
Bisse zur Wehr. Einige vereinzelte, sehr seltene Fälle
bestätigen nur die Regel. Überaus furchtsam, ergreift
sie immer schleunigst die Flucht und sucht, in die
Enge getrieben, sich ihrer Verfolger durch Aufblähen
und lautes Zischen zu erwehren. Einmal ergriffen, ent-
leert sie — wohl unbewusst infolge der Angst und des
Schreckens — ihren Kot und Urin und würgt wohl gar die
halbverdaute Nahrung wieder heraus. Sie verfällt dabei
sehr leicht auch in eine Art Starrkrampf, aus dem sie
sich nur allmählich wieder erholt. Eine widerliche
Körperausdünstung, die an gefangenen Tieren indessen
bald verschwindet, mag ein gutes Schutzmittel gegen
manche tierische Feinde bilden.

Und wie die harmloseste unter unseren Schlangen
ist die Ringelnatter auch die häufigste und verbreitetste
von ihnen. Sie wird nur in wenigen, und dann immer
räumlich sehr beschränkten Gebieten unseres Vater-
landes vergeblich gesucht werden. Ebenso gleichmässig
ist sie auch über das übrige Europa verbreitet. Sie ist
im Süden (Spanien, Italien, Sizilien, Griechenland usw.)
sowohl wie im Norden (Skandinavien) bis zum 65.
Breitengrad, im Westen (Portugal, Frankreich) wie im
Osten (Russland bis zum Baikalsee) vorhanden und
kommt ausserdem noch in Nordafrika und Kleinasien
bis nach Persien vor. Im Gebirge steigt sie bis zu
2300 m empor.

Ihren Aufenthalt wählt sie am liebsten in der
Nähe eines Gewässers, wenngleich man sie oft auch
fern von solchen antreffen kann. Ebenso wie sie das
Wasser liebt, ist sie eine Freundin der wärmenden
Sonne, meidet dagegen alle die Stellen, die öfters von
rauhen und kalten Winden heimgesucht werden. Sie
kommt sogar an belebte Orte und ist gar nicht selten
inmitten eines solchen an einem Wasserlauf, einem

Tropidonotus natrix (L.), Ringelnatter
aus der Ruhelage zur Flucht übergehend

Teich usw. anzutreffen. Auch die engeren Wohnstätten
des Menschen sucht sie auf und siedelt sich hier häufig
in Gärten, Parks, Ställen, Speichern, Schuppen und
Kellern an. In Berlin beispielsweise hat man sie früher
ungewöhnlich zahlreich in älteren, am Wasser gelegenen
Grundstücken angetroffen. Auch alte Burgen, verfallene
Gebäude, Ruinen und dergleichen bilden einen bevorzugten Aufenthaltsort, wie man sie ferner auch in
Waldungen, auf Feldern, Wiesen antreffen kann. Nur
weite, trockene Sandflächen meidet sie.

Bereits in den frühen Morgenstunden verlässt sie
ihre Schlupfwinkel, um ihrer Nahrung nachzugehen oder
an sonnigen Stellen, tellerförmig zusammengerollt, die
angenehme Wärme der Sonnenstrahlen zu geniessen.
Nicht selten trifft man sie auch schwimmend an. Man

5*

muss sie einmal gesehen haben, um einen Begriff von
der unnachahmlichen Eleganz, die sie dabei entwickelt
zu erhalten. Leicht gleitet sie an der Wasseroberfläche
dahin, den Kopf senkrecht emporgerichtet, gewandt
windet sie sich zwischen Wasserpflanzen hindurch, bis
sie in die Tiefe taucht, um hier nach einem Frosch,
einem Molch, einer Amphibienlarve oder einem Fisch-
schen zu fahnden. Sie mag durch ihre Vorliebe für
Fische vielleicht auch dort, wo sie in Mengen vorkommt,
der Fischzucht — freilich nie in besonders grossem,
ins Gewicht fallendem Massstabe — einmal gefährlich
werden. Denn ihre eigentliche Nahrung bilden ja die
Frösche, die sie zur Paarungszeit dieser aus dem Wasser
holt, aber auch während der ganzen übrigen Jahreszeit
am Lande zu finden weiss. Kröten verschmäht sie
gleichfalls nicht, doch nimmt sie dieselben nach meinen
Erfahrungen nicht besonders gern an. Unken scheint
sie gänzlich zu meiden, wenigstens berichtet LACH-
MANN, dass von Ringelnattern im Terrarium einmal
verschlungene Unken stets wieder lebend ausgespieen
worden sind. Eidechsen gehören gleichfalls nicht zu
ihrer Nahrung und ebenso werden Mäuse und andere
warmblütige Tiere, Insekten und Schnecken, wie man
dies in Naturgeschichtsbüchern oft angegeben findet,
nie von ihr vertilgt. Im Magen der Ringelnatter einmal aufgefundene Insektenreste rühren von den ihr zum
Opfer gefallenen Lurchen her. — Ihre Beute verschlingt
sie lebend: sie versucht, ihr Opfer am Kopf zu fassen
oder, wenn ihr das nicht geglückt ist, ihm durch Drehen
eine Lage zu geben, in der sie den Kopf zuerst hinabwürgen kann.

Im Oktober oder November, je nach dem Klima
eines Ortes oder der jeweils herrschenden Temperatur,
zieht sich die Ringelnatter in Erdhöhlen, Felsklüfte,
unter Wurzelwerk u. dgl., ja nicht selten auch in Keller,

Tropidonotus natrix (*L.*), **Ringelnatter**
In der Ruhe tellerförmig zusammengerollt

Ställe usw. zur Winterruhe zurück, aus der sie bei günstiger Witterung meistens schon im März wieder erscheint. Wie wir das bei Kreuzottern schon gesehen haben, so finden sich oft auch bei der Ringelnatter mehrere Tiere in den Winterquartieren zusammen.

Zur Paarung verschreitet die Ringelnatter in der Zeit von Mitte Mai bis Mitte Juni. Oft hat man auch ein nochmaliges Vereinigen der Geschlechter im Spätherbst, im Oktober oder November, beobachtet. Jedoch scheint es dabei nicht oder nur ausnahmsweise einmal zu einer Befruchtung zu kommen. Der Begattungsakt geschieht meist in den Morgenstunden, Männchen und Weibchen liegen dabei auf- oder nebeneinander und sind leicht mit den Schwänzen verschlungen. Auffallend und in dieser krassen Weise nur bei der Ringelnatter beobachtet, ist dabei der oft gewaltige Grössenunterschied der beiden sich paarenden Tiere; das Männchen besitzt oft kaum den dritten Teil der Grösse des Weibchens. Nicht selten trifft man an den Paarungsorten auch die Ringelnatter in grösserer Anzahl an. Es ist aber nicht der Geselligkeitstrieb, wie Dürigen im Gegensatz zu Leydig ausführt, der sie dabei zusammenkommen lässt, kein zielbewusstes Versammeln zum Zwecke der Fortpflanzung, sondern nur die Behaglichkeit und die passende Beschaffenheit des Platzes. Den Schlangen ist ja ein gewisser Ortssinn eigen, der sie befähigt, solche Orte (auch zur Eiablege, zum Sonnen und zum Winterschlaf) immer wieder aufzufinden. — Die Eier, die im Leibe des Weibchens etwa 10 Wochen zu ihrer Ausbildung nötig haben, werden von Mitte Juli bis Ende August in Dünger- und Komposthaufen, in Mulm, unter Laub und Moos, unter Steine, in Erdhöhlungen und an andere ähnliche Lokalitäten, ja selbst in Viehställe, überhaupt an feuchtwarme Orte, abgelegt. Der Eiablegeplatz wird gleichfalls häufig von vielen Tieren gemeinsam benutzt. Dürigen führt Fälle an, wo in einer Höhlung in einem Steinbruch gegen 600 Eier, unter einer Kanalbrücke gegen 3000 und in einem Fichtenstumpf etwa 1500 Eier der Ringelnatter aufgefunden worden sind. Die Zahl der Eier ist gleich ihrer Grösse von dem Alter und der Grösse des Tieres abhängig, sie schwankt zwischen 6 und 30 und erreicht wohl auch einmal 40, beträgt in der Regel aber 15 bis 25. Die Grösse beträgt 21—33 mm in der Länge und 11—16 mm in der Breite. Das Weibchen legt die Eier in Pausen von einigen Minuten bis zu einer viertel oder auch halben Stunde unmittelbar hintereinander ab. Sie haften, da sie in frischem Zustande feucht und kleberig sind, klumpen- und traubenartig aneinander. Nach 6 bis 8 Wochen, unter günstigen Umständen auch noch früher, entschlüpfen ihnen die Jungen, die sich vielfach noch einige Zeit an oder in unmittelbarer Nähe ihres Geburtsortes aufhalten, aber dann recht bald ein Winterlager aufsuchen. Durch das aus dem Ei mitgebrachte Fett sind sie in den Stand gesetzt, die Winterruhe, ohne dass sie zuvor gefressen hätten, gut zu überdauern. —

Die Länge der Ringelnatter beträgt bei uns durchschnittlich 70—100 cm und nur mehr in Ausnahmefällen erreichen einzelne Tiere eine solche bis zu 120 oder gar bis zu 150 cm. Die grössten von mir in Sachsen erbeuteten Tiere massen 115, 119 und 123 cm. In südlichen Ländern ist die Durchschnittsgrösse eine höhere als wie bei uns und man trifft dort, aber wohl auch nur ausnahmsweise, Exemplare an, die bis zu 180 cm lang sind. Das Männchen ist stets kleiner als das ausgewachsene Weibchen. Der Körper der Schlange ist schlank, aber kräftig gebaut, seitlich deutlich zusammengedrückt und läuft nur allmählich in den etwa ein Fünftel der Körperlänge erreichenden Schwanz aus. Der Kopf ist länglich, vorn abgestutzt und oberseits flach und bei jüngeren Tieren deutlicher vom Schwanze abgesetzt als bei älteren Exemplaren. — Die Oberseite des Körpers ist von blau- bis aschgrauer Farbe, ändert aber leicht in grünliche, olivenfarbene, grünlichbraune, graubraune und ölbraune Töne ab und ist mit kleineren oder grösseren, in 4 bis 6, zuweilen auch nur 2 oder 3 Längsreihen angeordneten schwarzen Flecken gezeichnet. Der Kopf ist in der Regel dunkler abgetönt als der übrige Körper und trägt nach dem Halse zu beiderseits je einen schwarz eingefassten, gelblichweissen bis gelben oder orangefarbenen Seitenfleck; ein Kennzeichen, das die Schlange sofort von allen anderen heimischen Arten unterscheiden lässt. Die Unterseite des Körpers ist auf schwarzem

Grunde nach den Seiten zu hell (gelblichweiss) gefleckt. — Die Färbung und Zeichnung ist dabei aber
mannigfachen Abänderungen unterworfen. So kann die
Unterseite einfarbig erscheinen oder ins rein schwarze
übergehen, wie auch die Farbe der ganzen Schlange
einen einfarbig schwarzen Ton anzunehmen vermag
(*var. niger*). Die Zeichnung verschwindet oft ganz oder
läuft zu dunklen Querbinden zusammen (*var. fasciatus*).
Bei der gestreiften Ringelnatter (*var. persa*), einer schön
gezeichneten, namentlich im Süden und Südosten auf-
tretenden Varietät, erscheinen auf der Oberseite
zwei schmale Längsstreifen von gelblichweisser bis
gelber Farbe. Eine andere im Südosten Russlands
heimische Abart (*var. picturatus*) ist auf schwarzem
Grunde oberseits mit weissen Pünktchen gezeichnet. —
    Die Ringelnatter ist die Schlange der Sage, des
deutschen Märchens. Ihr Aufenthalt an sagenumwobenem
alten Gemäuer und Ruinen, ihr Vorkommen selbst an
den von Menschen bewohnten Orten und Gebäuden,
ihre Vorliebe namentlich für Viehställe haben zu einer
reichen Legendenbildung Veranlassung gegeben: aus
den leuchtenden Kopfflecken entstand dabei das goldene
Krönchen des Natternkönigs. Leider nimmt die Häufigkeit der schönen Tiere zusehends ab und ich glaube
mit LÖNS gern, dass sie früher oder später einmal
ganz aus der deutschen Landschaft verschwunden sein
wird. Die überall vorwärts dringende Kultur, die
unsere schöne, abwechselungsreiche Heimat überall nach
einem bestimmten Schema gleichzumachen bestrebt ist,
raubt ihr einen Aufenthaltsort nach dem anderen, die
grausame „Bestie Mensch" stellt ihr allenthalben nach
und tötet sie in ihrem blinden Unverstand und ihrer
grossen, keine Belehrung duldenden Dummheit mehr
denn alle anderen Schlangen. Ich habe es gesehen,
wie sie von Radfahrern mit Knüppeln blutig geschlagen,

Tropidonotus natrix var. persa, Pallas, gestreifte Ringelnatter
(Terrarientier)

noch lebend mit einem Faden an das Rad geknüpft
und hinter diesem hergeschleift worden ist! Mit aller
Entschiedenheit muss derartigen Auswüchsen entgegen-
getreten und in Wort und Schrift für die Schlange, die
harmloseste und friedfertigste von allen, eingetreten
werden. Unsere Lehrerschaft könnte hier viel und
grosses leisten, wenn nicht eben auch unter ihr die
Gleichgültigkeit gegen die Schönheiten unserer Natur
noch weit verbreitet und die Unkenntnis unserer vater-
ländischen Kriechtiere und Lurche eine so ausgeprägte
wäre. Ich war zufällig einmal Zeuge, wie gelegentlich
eines Klassenausfluges Schüler auf eine angetroffene
Ringelnatter mit Stöcken und Ruten einschlugen; der
den Ausflug begleitende Lehrer liess die Knaben dabei
ruhig gewähren und verbat sich sogar mein Einschreiten
mit, gelinde gesagt, recht groben Worten. Dieser Fall
redet eine deutliche Sprache, und wenn ich auch gern
zugeben will, dass er in dieser Weise eine Ausnahme-

erscheinung bildet, so sind doch Geschehnisse, wo
Lehrer Ringelnattern töten und liegen lassen — ich
spreche aus einer langjährigen Erfahrung — gar nichts
so seltenes. Auch die Aquarien-, Terrarien- und Tier-
händler tun fleissig das ihrige an der Ausrottung der
Ringelnatter; ich mag nicht wissen, wie viel Hunderte
und Tausende von den von ihnen weggefangenen
grossen Mengen regelmässig zugrunde gehen.

Die Würfelnatter, *Tropidonotus tessellatus* (*Laur.*),
die deutsche Schwester der Ringelnatter, erreicht bei
uns bei weitem nicht die Häufigkeit der letzteren und
kann sich auch in bezug auf die Ausdehnung des Verbreitungsbezirkes nicht mit dieser messen. In den
deutschen Gauen ist sie nur an einigen wenigen Orten
zu finden und kommt hier ausschliesslich in einem
räumlich kleinen Teile der südwestlichen Rheinprovinz
und im Nassauischen vor. Und zwar tritt sie am Mittel-
rhein etwa von Rüdesheim oder Bingen bis Koblenz,
im unteren Lahngebiete, bei Kreuznach und Münster
a. St., sowie an einigen Orten an der Mosel auf.
Die Schlange ist unzweifelhaft bei uns aus dem Süden
eingewandert. Wie das aber geschehen ist, darüber
gehen die Meinungen auseinander. Die meiste Anwart-
schaft auf Richtigkeit hat wohl die Anschauung, dass
die Würfelnatter von Frankreich aus der Mosel entlang
in das Mittelrhein- und Nahegebiet vorgedrungen ist
und sich hier Heimatsrechte erworben hat. Sie gehört
mehr dem Süden und Osten Europas an und bewohnt
Italien, Mittelfrankreich, die Schweiz (hier aber wohl
nur den Kanton Tessin), Südösterreich, von wo aus sie
auch nach dem Nordosten, nach Böhmen und Mähren
vorgedrungen ist, Südungarn, die Balkanhalbinsel und
geht bis nach Südrussland in die Gegenden nördlich

Tropidonotus tessellatus (Laur.), Würfelnatter (Terrarientier)

des Schwarzen Meeres. Auch in Kleinasien, Syrien und
Ägypten fehlt sie nicht.

Die Länge der Würfelnatter beträgt durchschnittlich 70—85 cm und geht wohl nur in Ausnahmefällen
einmal darüber hinaus. Ihr Körper ist etwas schlanker
als der der Ringelnatter, in der Mitte nur wenig verdickt und an der Seite etwas zusammengedrückt.
Der Kopf ist deutlich vom Halse abgesetzt und verschmälert sich stark nach vorn, so dass er eine namentlich bei jüngeren Tieren stark auffallende länglich-drei-
eckige Gestalt annimmt und dadurch ein wesentliches
Unterscheidungsmerkmal gegenüber unseren anderen
Natternarten bildet. Der Schwanz verläuft aus dem
Körper nicht ganz so unmerklich wie bei der Ringelnatter, er erreicht etwa ein Fünftel der ganzen Körpergrösse. Die Oberseite der Würfelnatter ist von gelb-
grüner, olivengrüner und graubrauner Farbe und kann

nicht selten auch in ein schönes Braun übergehen. Sie
ist in der Regel mit 4 Reihen abwechselnd stehender,
runder oder viereckiger, mehr oder weniger scharf sich
abhebender, dunkler Flecken gezeichnet, die sich leicht
zu Querbinden vereinigen können. Die Unterseite des
Körpers zeigt einen hellen (gelblichweissen, weissgrauen
bis orangefarbenen) Grundton, auf dem sich grau- bis
blau- und reinschwarze, unregelmässig begrenzte und
verteilte oder viereckige Flecken schachbrettartig an-
ordnen.

Färbung und Zeichnung ändern auch bei der Würfelnatter mannigfach ab. Durch das gänzliche Verschwinden der Zeichnung entsteht die Varietät *concolor*; durch
das Überhandnehmen derselben, wobei die Grundfarbe
zugunsten der dunklen Zeichnungsfarbe verschwindet,
die seltene Varietät *nigrescens*. Andere Varietäten zeichnen
sich durch rote Flecke der Oberseite (*var. rubro-macu-
losus*), rote Würfelung an den Enden der Bauchschilder
(*var. gabinus*), auch weisse Punkte und Querlinien (*var.
albo-lineata*), durch ein auffallend helles Gelbbraun der
Grundfarbe (*var. flavescens*) u. a. m. aus.

Die Würfelnatter ist ein ausgesprochenes Tagetier
und ähnelt in Wesen und Lebensweise der Ringelnatter
ungemein. Gleich furchtsam wie diese entflieht sie jeder
sich nahenden Gefahr und gleitet dabei am liebsten ins
Wasser, das sie in noch weit höherem Masse liebt als
wie die Ringelnatter. Sie ist eine überaus gewandte
und vorzügliche Schwimmerin und kann sich selbst
stundenlang am Grunde der Gewässer aufhalten. Aus
Beobachtungen im Terrarium hat man geschlossen, dass
sie sogar die warmen Sommernächte unter Wasser verbringt. Am Lande ist sie weniger flink, klettert dagegen
vorzüglich und vermag sich ferner mit Leichtigkeit und
Gewandtheit durch selbst recht enge Spalten in Zäunen,
Mauern, im Gestein u. a. m. durchzuwinden. Bei ihrer

Gefangennahme gibt sie wie die Ringelnatter ihren Kot und Urin von sich und beisst kräftig.

Ihre Aufenthaltsorte wählt sich die Würfelnatter, die neben der ähnlichen südeuropäischen Vipernnatter die ausgeprägteste europäische Wasserschlange ist, ausschliesslich an klaren, fliessenden oder stehenden Gewässern und gibt dabei denen des Tief- und Hügellandes den Vorzug vor denjenigen des Gebirges, in das sie nur bis gegen 1000 m emporsteigt. Sie ist wärmebedürftiger als wie die Ringelnatter und sucht daher auch zeitiger als wie diese, im frühen Oktober, ihre Winterherbergen auf, aus denen sie wohl kaum vor Mitte April wieder zum Vorschein kommt. Im Mai erfolgt die Paarung, Ende Juli oder im August die Ablage der 5 bis 13 weissen, runden und meist nierförmig gebogenen Eier in Dünger, Lohe, unter Laub, an Uferrändern usw. Aus ihnen schlüpfen nach einigen Wochen die Jungen aus, die man in Knäueln unter den Steinen des Ufers oft noch unter den Eihüllen finden kann. Gleich der Ringelnatter geht auch die Würfelnatter im September eine zweite, wohl erfolglose Paarung ein.

Die Nahrung der Würfelnatter besteht vorzugsweise in kleineren Fischen, auf die sie entweder Jagd macht oder die sie ablauert. Das „Ablauern" ist die häufigste Fangmethode; die Schlange liegt dabei regungslos ausgestreckt oder auch zusammengerollt auf einem Stein im Wasser oder am Grunde, um sich blitzschnell auf den vorüberschwimmenden Fisch zu stürzen. Die Jagd geschieht nach GEYSENHEYNER, den wir überaus wertvolle Beobachtungen über die Schlange verdanken, in der Hauptsache in den späten Nachmittagsstunden. Langsam und vorsichtig steckt sie dabei den Kopf unter einen Stein nach dem andern, „schwimmt eine Strecke weiter, hält plötzlich ein und bleibt wie versteinert (sie scheint zu horchen) in der Stellung, die sie gerade beim Schwimmen hatte, fährt dann mit dem Suchen fort, bis sie einen von den unter den Steinen sich aufhaltenden Fischen erbeutet hat". Ihre Beute erfasst sie in der Bauchmitte oder am Kopf und schwimmt mit ihr, das Opfertier dabei stets über Wasser haltend, ans Land, wo sie dann an das Verschlingen desselben geht. Bei der geringsten Störung aber lässt sie ihren Raub im Stich und sucht schleunigst wieder das Wasser auf. Nach KNAUER kann sie bis zu 30 Weissfische nacheinander einfangen und verschlingen. Diese, sowie Karpfen, Schleien, Karauschen, Ellritzen, Bitterlinge, Orsen, Gründlinge scheinen ihr neben Schmerlen, Kaulköpfen, jungen Aalen usw. am meisten zum Opfer zu fallen. Neben Fischen vertilgt sie auch Frösche (Laub-, Gras- und Teichfrösche), Kaulquappen und Molche, doch gibt sie den ersteren immer den Vorzug.

263

Die Gattung der Land- oder Kletternattern, *Coluber*, stellt die grösste deutsche Schlangenart, nämlich die Aeskulapnatter, *Coluber Aesculapii Host.*, die allerdings gleich der Würfelnatter in unserem Vaterlande eine auf nur wenige Orte beschränkte Erscheinung ist.

Ausser an dem bekannten Badeort Schlangenbad im Taunus, wo sie allerdings ziemlich häufig vorkommt, hat man sie noch bei Passau in Bayern und nach schwer kontrollierbaren Nachrichten auch im badischen gefunden, LACHMANN führt sie, wohl gestützt auf ältere Autoren, unbegründeterweise auch für Thüringen und den Harz an. Ferner kommt sie noch im Hofgut Richthof bei Schlitz in Oberhessen vor, wo sie vor über 50 Jahren durch den damaligen Besitzer des Gutes ausgesetzt und mit gutem Erfolg eingebürgert worden ist. Dieser gelungene Einbürgerungsversuch verdient jedenfalls Beachtung und Nachahmung und ich werde daher später

Coluber Aesculapii Host., Aeskulapnatter
(Terrarientier)

nochmals auf ihn zurückkommen. — Der Schlange insel-
artiges Vorkommen in Deutschland hat man damit zu
erklären versucht, dass man annahm, sie sei von den
Römern nach den von diesen bereits benutzten Heil-
quellen Schlangenbads mitgebracht worden. DÜRIGEN
hält aber — m. E. auch mit Recht — der Schlange
selbständiges Einwandern in Deutschland für wahrschein-
licher, namentlich auch im Hinblick darauf, dass sie
heute noch ihren Verbreitungsbezirk zu erweitern trachtet
und in gewissen Gegenden im Vorrücken nach dem
Norden und in der Zunahme begriffen ist. — Die Aeskulapnatter ist ein ausgesprochenes südeuropäisches Tier
und ausserhalb Deutschlands in Spanien, West- und Süd-
frankreich, in der Schweiz, in Italien, Österreich, wo

sie bis nach Mähren und Böhmen zu gehen scheint, in Südungarn und in den Donauländern zu finden.

Unsere Natter ist, wie schon erwähnt, die grösste unter ihren deutschen Verwandten und wird 120—140, selten bis zu 150 cm lang. Ihr Rumpf ist kräftig, mehr höher als breit und wird nach dem Kopf zu merklich dünner, der Bauch ist abgeplattet und durch deutliche Seitenkanten vom übrigen Körper getrennt. Der Kopf ist verhältnismässig klein und lang, bei älteren Tieren nur unmerklich, bei jüngeren Tieren dagegen etwas deutlicher vom Halse abgesetzt. Der Schwanz läuft allmählich aus dem Körper aus, er nimmt etwa den fünften Teil von des letzteren Länge ein und ist gleich dem Bauche unten deutlich abgeplattet, so dass er dadurch fast dreikantig erscheint. Die Oberseite der Schlange ist bei typischen Exemplaren zeichnungslos und von meist olivenbrauner bis olivengrünlicher Farbe, die Unterseite dagegen einfarbig gelblichweiss bis schwefelgelb. Die normale Farbe der Oberseite kann in mancherlei hellere und dunklere Töne übergehen und bei einer Abart (*var. virgatus*) durch drei gelbbraune bis braune Längsstreifen unterbrochen werden. Eine andere Varietät (*var. leprosus*) erscheint grau getönt mit reichlichen, oft zu Längsreihen angeordneten Flecken. Ebenso stellen sich auf der Unterseite hin und wieder graue und schwarze sowie milchweisse Flecken ein. Dann kann die Farbe schliesslich auch oberseits in ein tiefes Schwarzbraun, am Bauche in ein reines Schwarz übergehen (*var. niger*). Immerhin sind die Abänderungen der Aeskulapnatter nicht so häufig und ausgeprägt, wie bei anderen Schlangen.

Zu seinen Standorten wählt das Tier lichte Wälder und felsige und steinige, sonnige Örtlichkeiten, wohl auch offene Gegenden, und hält sich da mit besonderer Vorliebe an altem Gemäuer, auf Felsstücken, Steinhaufen und ähnlichem mehr, sowie auf Bäumen und Sträuchern auf. Im Gebirge steigt die Aeskulapnatter bis zu 1600 m empor. Das Wasser scheint sie, obwohl sie sehr geschickt zu schwimmen versteht, im Freien mehr zu meiden. Am Boden ist sie nicht besonders rasch und flink, dafür aber eine um so gewandtere und ausdauernde Kletterin. An dünnen Bäumen windet sie sich in schraubenförmigen Umschlingungen empor, stärkere Bäume ersteigt sie, indem sie sich mit den Bauchkanten fest in die Risse der Borke einstemmt und ihren Körper aufwärts schiebt, im Geäst bewegt sie sich leicht und gewandt unter schwachen Windungen und Festhalten mit dem Schwanze dahin. Auch senkrechte Mauern, Haus- und Felsenwände bilden ihr kein Hindernis, jeden Riss, jede Spalte und jede Unebenheit weiss sie sich dabei nutzbar zu machen. Sie entwickelt beim Klettern und auch sonst stets eine grosse Kraft, so dass es nur unter Anstrengungen möglich ist, sie von einem Gegenstande, den sie umschlungen hat oder an den sie sich festhält, zu lösen. Dabei vermag sie sich durch mitunter recht kräftige, blutende Wunden schlagende, zuweilen aber auch weniger fühlbare Bisse zu verteidigen.

Die Aeskulapnatter ist eine unserer lebhaftesten Schlangen und eine grosse Freundin der Sonne. Um die warmen Strahlen derselben voll zu geniessen, steigt sie im Gesträuch und auf Bäumen bis in die höchsten der Sonne ausgesetzten Spitzen empor und verweilt da oft noch, wenn andere Schlangen sich vor der allzugrossen Hitze bereits an schattige Plätzchen oder in ihre Schlupfwinkel zurückgezogen haben.

Die Nahrung des Tieres besteht vorwiegend in Mäusen. Neben diesen nimmt sie aber auch noch junge Vögel und Eidechsen an, scheint aber dagegen alle Lurche zu verschmähen. „Unsere grösste und schmuckeste heimische Schlange, die Aeskulapnatter," so schreibt KNAUER, „zeigt sich auf ihrer Mäuse- und Eidechsen-

jagd auch als die intelligenteste. Nur ganz selten sieht
man Aeskulapnattern nach langem Fasten auf in ihre
Käfige gebrachte Mäuse oder Eidechsen sofort losfahren
und blinde Jagd machen, wie dies Ringel- und Würfel-
nattern gewöhnlich tun; in der Regel schleichen sie
ruhig, ihr Opfer scharf im Auge, an das Beutetier heran
und schnellen, erst ganz nahe gekommen, sicher zielend
auf die Beute los. Scheint ihnen die Stellung des Tieres
für einen sichern Fang nicht geeignet genug, so ziehen
sie sich behutsam zurück, um dem Opfer vom günstigeren
Platze aus beizukommen. Die in sicherem Ausholen
fast immer ergriffene Maus oder Eidechse wird sofort
in raschen Windungen umknäuelt und mächtig zusammen-
gepresst. Auch da zeigt sich das ganz andere Verhalten
der Aeskulapnattern in der Geduld und Vorsicht, mit
der sie den geeigneten Moment zum Verschlingen der
gemachten Beute abzuwarten wissen, beim geringsten
Zucken ihres Opfers die schon gelockerten Fesseln
wieder fester schliessen und erst dann die Pressung
wieder aufgeben, wenn sie sich durch wiederholtes Beschnuppern überzeugt haben, dass das Opfer bereits tot
ist. Nun wird das tote Tier beim Kopfe gepackt und
verschlungen."

Ihre Winterruhe beginnt die Aeskulapnatter zeitig,
je nach der Witterung zieht sie sich schon im September
oder Anfang Oktober in ihre Winterquartiere zurück
und verlässt diese auch erst im Mai wieder, um kurz
darauf zur Paarung zu verschreiten. Das Weibchen legt
im Sommer 5 bis 8, wohl auch noch weniger Eier von
auffallend walzenförmig gestreckter Gestalt, aus denen
nach einigen Wochen die Jungen ausschlüpfen.

263

Am Eingange meiner Schilderung über die Aeskulapnatter gedachte ich bereits kurz eines gut ge-

lungenen Einbürgerungsversuches auf Schloss Richthot
bei Schlitz in Oberhessen, wo vor über 50 Jahren der da-
malige Besitzer, Reichsgraf CARL VON SCHLITZ, 40 aus
Schlangenbad bezogene Aeskulapnattern ausgesetzt hatte.
Dieselben haben sich, obwohl anfangs einige der Nattern
Auswanderungsgelüste zeigten und sogar die Fulda durch-
schwammen, doch recht gut eingelebt und sind heute
dort noch vorhanden. „Sie halten sich," so berichtet
der Sohn des Grafen CARL VON SCHLITZ, „mit Vorliebe in Komposthaufen des kleinen Oekonomiehofes
auf, der der Sonne viel ausgesetzt ist. Derselbe lehnt
sich an eine alte Mauer an. Sie scheinen Gemäuer zu
lieben. Ich erinnere mich, dass sich vor Jahren einige
Eier in den Lücken einer anderen Mauer fanden, die
sich auf dem Richthof befindet. Zeitweilig war eine
mächtige Eiche, etwa 500jährig und hohl, ein beliebter
Wohnort der Schlangen. Sie krochen aus einem grossen
Astloch (etwa 4 m über dem Boden) hervor, um sich
auf einem Rest des ehemals dort befindlichen Astes zu
sonnen. Ein dort gleichfalls befindliches Hornissennest
schien sie durchaus nicht zu genieren. Ich habe einmal (im Jahre 1872) auf den mächtigen Ästen jener
sogenannten Schlangeneiche gleichzeitig acht Schlangen
lagern sehen. Die rauhe Rinde des Baumes erleichterte
natürlich das Klettern. Jetzt haben sie sich von dem
Baume längst verzogen, da ein Fahrweg an demselben
vorbeiführt und sie, wie es scheint, von Vorübergehenden
beunruhigt werden. — Eine unangenehme Eigenschaft
der Schlangen ist die, dass sie Schwalbennester aus-
nehmen. Sie wissen sich in den breiten Fugen der
Ecksteine des einstöckigen Gebäudes sehr geschickt bis
unter das Dach emporzuringeln."

Dieser gelungene Einbürgerungsversuch wäre wert,
an anderen Orten wiederholt zu werden. Die Aeskulapnatter ist eine unserer nützlichsten Schlangen, und wenn

sie auch einmal einen Vogel vertilgt, ein Nest plündert, so fällt dies doch weniger ins Gewicht gegenüber dem Eifer, mit dem sie den schädlichen Mäusen, die ja ihre Hauptnahrung bilden, nachstellt und in Mengen vertilgt. Aber auch ganz abgesehen davon; unsere Tierwelt wird immer ärmer an Arten und Formen und wir müssten daher dankbar jede Möglichkeit ergreifen, sie wieder bunter und mannigfaltiger zu gestalten. Unsere Vereine für Terrarienkunde namentlich möchte ich auf solche Einbürgerungsversuche aufmerksam machen, sie würden sich dadurch sicherlich den Dank vieler erwerben.

Die Gattung der Glatt- oder Schlingnattern, *Coronella*, von der in Europa nur zwei Arten leben, wird in Deutschland durch die neben der Ringelnatter und Kreuzotter am zahlreichsten vorhandene Glatte (Schling-, Hasel-, Österreichische, Zorn- oder Kupfer-) Natter, *Coronella austriaca, Laur.*, vertreten.

Sie ist schlank gebaut; ihr walzenförmiger Körper nach hinten und vorn nur wenig verdünnt und läuft ganz allmählich in den etwa ein Sechstel der Gesamtlänge betragenden Schwanz aus. Der in seiner Mitte am breitesten, nicht grosse Kopf ist vom Halse undeutlich abgesetzt. Die Länge der Schlange beträgt 60—70 cm, und erreicht ausnahmsweise auch einmal 80 cm. In der Regel werden die Männchen nicht über 60, die Weibchen nicht über 70 cm lang. Die Färbung und Zeichnung ist auch bei der Glatten Natter mannigfachen Schwankungen und Abänderungen unterworfen. Der Grundton der Oberseite ist für gewöhnlich ein brauner mit Abstufungen ins graubraune bis graue, gelbliche und rötliche, nimmt wohl auch einmal eine olivenfarbene Nuancierung an und erscheint bald auf dem Rücken, bald an den Seiten heller. Die Unterseite geht ins

Coronella austriaca, Laur., Glatte Natter

weiss- bis gelbliche, stahl- und rötlichgraue und graubraune und erscheint mitunter eintönig, häufig aber durch
grössere und kleinere Punkte, Tüpfelchen und Flecken
gesprenkelt und marmoriert. Längs des Rückens ziehen
sich zwei Reihen dunkelbrauner bis schwarzer Flecken
hin, zu denen sich oft an jeder Körperseite noch eine
weitere Längsreihe meist kleinerer Tüpfel gesellt. Auf
dem Hinterkopf tritt ein dunkler, verschieden grosser,
nach hinten ausgerandeter Fleck auf, dem sich noch
zwei weitere, sich vom Hals über das Auge nach den
Nasenlöchern hinziehende Seitenflecken anreihen. Die
Rückenflecken können namentlich auf dem Vorderkörper
zu Querbinden zusammenfliessen (*var. fasciata*) oder die
Form von Längsbinden annehmen, die Schlange erscheint längsgestreift (*var. taeniata*), oder sie können auch

ganz verschwinden (*var. immaculata*) oder sich zu unregelmässig verteilten Tüpfelchen und Punkten auflösen
(*rar. sparsa*). — Die Kopf- und Körperzeichnung der
Glatten Natter verleiht ihr oft eine gewisse Ähnlichkeit
mit der Kreuzotter und auf einen nur flüchtigen Blick
hin kann sie auch leicht mit dieser verwechselt werden.
Für das geübte Auge freilich sind die Unterschiede
zwischen beiden Arten aber sofort erkennbar.

Die Glatte Natter ist nicht nur über Deutschland
ziemlich allgemein verbreitet, sondern auch über das
gesamte Europa vom Süden bis nach der jütländischen
und skandinavischen Halbinsel, vom Westen bis zum
kaspischen Meer in Russland. Im Süden allerdings ist
sie weit zahlreicher vorhanden, während sie nach Norden
zu an Häufigkeit abnimmt. Unserem Vaterlande fehlt
sie fast nirgends, wennschon sie nicht überall gleich
häufig ist und namentlich im norddeutschen Flachlande
spärlich, in seinem östlichen Teil sogar nur ganz vereinzelt auftritt. Auch steht sie an Zahl fast überall
hinter der Ringelnatter zurück.

Während die letztere augenfällig die Niederungen
und das Tiefland bevorzugt, ohne aber das Gebirge zu
meiden, gibt die Glatte Natter dem letzteren den Vorzug; sie ist, wie Dürigen mit Recht behauptet, die
Schlange der deutschen Mittelgebirge und Hügellandschaften, deren lichte, trockene, von Laubgebüsch bestandene und mit Steingeröll oder Erdlöchern versehene
Anhöhen und Gehänge und sonnige Halden sie ebenso
liebt, wie die oberen Säume der Flusstäler, freundliche
Ufergelände und Bergabdachungen, warme, helle Wald-
schläge und freie, mit Gestrüpp und Gesträuch bekleidete
Sandhügel, buschreiche Lehnen und selbst Gärten an
Stadtmauern und ähnliche Örtlichkeiten. Bieten sich
ihr derartige oder diesen entsprechende Wohnplätze im
Flachlande, so steigt sie auch in dieses herab und ver-

breitet sich hier. Nur dunkle, ausgedehnte Waldungen,
kahle, windige Plateaus, moorige Strecken sowohl wie
feuchte Gründe und dunkle Schluchten und Täler meidet
sie gänzlich. Im Gebirge steigt sie bis zu 2000 m empor.

Des Morgens kommt sie nicht so früh hervor wie
die Ringelnatter, ist dafür aber häufig noch am Spätnach-
mittag, selbst kurz vor Sonnenuntergang im Freien anzutreffen und von LACHMANN sogar wiederholt an
trockenen, warmen, mondhellen Sommerabenden bis gegen
11 Uhr gefangen worden. Sie führt eine mehr ver-
stecktere Lebensweise als unsere übrigen Schlangen und
sonnt sich seltener an solchen freiliegenden Plätzen, wie
sie Ringelnatter und Kreuzotter gern wählen, liegt vielmehr meist unter Gebüsch und Gestrüpp, im Grase und
Moose, unter Steinen, hinter loser Baumrinde und ähnlichem mehr verborgen. Ihre Flucht bei einer drohen-
den Gefahr erfolgt, wenn sie überhaupt an eine solche
denkt, sehr langsam und ähnelt dann sehr dem heim-
lichen Fortschleichen der Kreuzotter. Meistens freilich
nimmt sie eine Kampfstellung ein und setzt sich schon
zur Wehr, wenn die Möglichkeit ihres Entkommens
noch eine grosse ist: sie rollt sich spiralförmig zusammen, bläht sich auf und beisst wütend um sich.
Ich habe dieses Annehmen der Wehr- und Verteidigungsstellung der Glatten Natter oft schon beobachtet, wenn ich noch mehrere Meter von ihr entfernt
war und an Orten, wo ein Entweichen der Schlange sehr
leicht war. In dieser Kampfeslust der Glatten Natter
liegt ein wesentlicher Unterschied gegenüber der Kreuzotter, denn diese sucht fast immer ihr Heil in der Flucht
und setzt sich, wie schon früher bemerkt, erst zur Wehr,
wenn sie überrascht und ihr die Möglichkeit zum Ent-
kommen abgeschnitten worden ist.

Die Nahrung der Glatten Natter besteht in Eidechsen und Blindschleichen. Ihr Opfer packt sie mit

den Kiefern und umschlingt es blitzschnell durch Schrauben-
windungen ihres Körpers. Das erste Drittel des Schlangen-
leibes bleibt dabei frei. Hat sie durch diese Umwindungen ihr Beutetier gelähmt, was oft erst nach Minuten
der Fall ist, so fährt sie auf den aus den Umschlingungen
immer hervorragenden Kopf ihres Opfers los und beginnt es, beim Kopfe anfangend und die Leibeswindungen
nur langsam öffnend, allmählich hinabzuwürgen. Mit
einer grösseren umklammerten Eidechse entspinnt sich
dabei wohl auch einmal ein erbitterter Kampf, die Eidechse weiss die ihr drohende Gefahr zu schätzen und
ist bestrebt, sich ihrer nach Kräften zu erwehren. Mit
halbgeöffnetem Maule wartet sie das Zufahren der Schlange
ab. Gelingt es der letzteren, der Eidechse Kiefern
gleichzeitig zu erfassen, so ist diese auch verloren, gelingt ihr das aber nicht und kann die Eidechse sich in
einem Kiefer der Schlange festbeissen, so muss die
letztere das umschlungene Tier freigeben. Rasch reisst
sie sich empor und versucht ihren kleinen Gegner durch
Schütteln und Schleudern los zu werden; doch währt es oft
ziemlich lange, bis sie sich von ihm wirklich befreit hat.
Die Eidechse ergreift schleunigst die Flucht und ist dadurch
meistens gerettet. — Nur ausnahmsweise frisst die Glatte
Natter auch einmal Mäuse (meist junge, noch unbehaarte
Tiere), Spitzmäuse und wohl gar kleinere Schlangen. FRANKE
beobachtete sogar, wie eine im Terrarium gefangen gehaltene nach einer zehnwöchentlichen Fastenzeit ihr vor-
geworfene Regenwürmer verzehrte, während eine andere
aus einer Wasserschüssel sich einen fingerlangen Weissfisch
holte. Die Jungen ernähren sich gleichfalls nur von kleinen
Eidechsen; LACHMANN erzählt, dass sie den jungen Eidechsen, wenn sie diese nicht überwältigen können, die
Schwänze abreissen und diese dann verschlingen.

Die Glatte Natter beginnt früher als die Ringelnatter
ihren Winterschlaf und verlässt diesen auch später, etwa

Coronella austriaca, Laur., G l a t t e N a t t e r

im April. Im Mai, unter günstigen Verhältnissen auch
einmal schon Ende April, vereinigen sich die Schlangen
zur Paarung, das Männchen ist dabei recht eifersüchtig,
biss- und streitlustig. Nach mehreren Monaten, frühestens
Ende August, meist aber erst im September oder gar
im Oktober erfolgt die Geburt der im Mutterleibe bereits
entwickelten Jungen. Sie liegen zusammengerollt in
einer dünnhäutigen Hülle, die sie aber sofort mit dem
Kopf durchbrechen. Ist das Wetter günstig, so gehen
sie nach der Geburt noch ihrer Nahrung nach, ist es
aber unfreundlich, so suchen sie bald darauf eine geeig-
nete Winterherberge auf.

Es ist früher schon einmal davon gesprochen worden,
dass Glatte Natter und Kreuzotter sich in ihrem Vor-

kommen gegenseitig ausschliessen. Ich bemerkte dabei aber gleich, dass dieses nicht mit wiederkehrender Regelmässigkeit der Fall ist und dass sehr oft Ausnahmen von dieser Regel, wenn man sie überhaupt eine solche nennen darf, sich beobachten lassen. Dass man beide Schlangen nicht immer an den gleichen Orten antrifft, liegt meistens darin begründet, dass die Kreuzotter zu ihren Standorten gern moorige Lokalitäten, Brüche und dergl. mehr bevorzugt, während die Glatte Natter dagegen eine ausgesprochene Feindin solcher ist. Vielfach hört man die gegenseitige Ausschliessung auch noch damit begründen, dass die junge Kreuzotter von der jungen Bergeidechse lebe, die Glatte Natter aber den Zauneidechsen den Vorzug gebe, beide Eidechsen aber nie zusammen vorkommen. Diese Erklärung aber ist unrichtig. Wenn Wald- und Zauneidechse sich vielfach auch ausschliessen — es ist dies in dem verschiedenen Charakter der von ihnen bevorzugten Lokalitäten begründet und mag ferner auch eine Ursache mit in dem Umstande haben, dass die Zauneidechse gern den Jungen der Waldeidechse nachstellt —, so kommen doch auch hier Ausnahmen vor. Dann aber lebt die junge Kreuzotter, wie vielfach behauptet wird, nicht ausschliesslich von den Jungen der Bergeidechse — ich habe die letztere an Kreuzotterplätzen oft vergeblich gesucht —, während die Glatte Natter gerade mit ganz besonderer Vorliebe auch an die Bergeidechsen herangeht. Immerhin wäre es wohl wert, in dieser Frage noch weitere Beobachtungen anzustellen. 263

Die überaus artenreiche, in Europa allein durch gegen 40 Arten vertretene Ordnung der Echsen, *Sauria*, umfasst Tiere von gestrecktem, meist langgeschwänztem und mit Schuppen bedecktem Körper, der entweder mehr oder weniger wohlausgebildete Gliedmassen oder nur

Andeutungen solcher besitzt oder auch ganz fusslos ist.
Sie bildet den Übergang von den langgestreckten
Schlangen zu den breiten Schildkröten, wennschon ihre
Vertreter den ersteren näherstehen und ihnen namentlich
in den gliederlosen Arten zum verwechseln ähnlich sind.
Die Füsse der deutschen begliederten Arten besitzen
stets fünf mit Krallen versehene Zehen (und weichen dadurch von einigen ausländischen Arten ab). Der Kopf
ist bei einigen Arten (den Schleichen) dem Rumpf ohne
jede Spur einer halsartigen Verengung angegliedert, bei
anderen, den eigentlichen Eidechsen, durch einen kurzen
Hals und eine querlaufende Kehlfurche vom übrigen
Körper abgesetzt. Die Augen sind mit einem oberen und
einem unteren Lid versehen und besitzen zudem meistens
noch eine sogenannte Nickhaut. Äussere Ohren fehlen
den Eidechsen ganz, die Ohröffnungen werden durch
das äusserlich aufliegende Trommelfell überkleidet. Die
Nasenlöcher liegen seitlich im vorderen Teil des Kopfes;
das Maul ist zwar weit gespalten, aber nicht erweiterungs-
fähig wie bei den Schlangen. Die Zunge ist bandartig,
an ihrem vorderen Ende zweiteilig und lässt sich mehr
oder weniger weit vorstrecken. Sie bildet nach ihrer
Vorstreckbarkeit, Länge, Dicke, Spaltung usw. ein wich-
tiges Unterscheidungsmerkmal der einzelnen Gattungen.
Die Haut der Echsen besteht wie bei den Schlangen
aus der Unter- und Oberhaut und verhornt und verdickt sich wie dort zu Schuppen und Schildern. Die
Schilder des Kopfes namentlich sind oft von wesentlicher Bedeutung für die Unterscheidung der einzelnen
Arten, leider aber gestattet mir der verfügbare Raum
kein näheres Eingehen darauf. Die Oberhaut wird wie
jene der Schlangen gleichfalls von Zeit zu Zeit abgestossen: die Echsen häuten sich. Nur vollzieht sich
dieser Vorgang hier nicht in der Weise, dass die Haut
umgestülpt und im ganzen abgestreift wird, sondern sie

löst sich vielmehr in einzelnen Stücken und Fetzen los.
Die Häutung beginnt am Kopfe um die Kiefer; die Tiere
reiben zur Beschleunigung dieses Prozesses gleich den
Schlangen dabei Kopf und Maul an rauhen Gegenständen.
Das eigentliche Abstreifen unterstützen sie dadurch, dass
sie zwischen Gras und Gestrüpp, unter Wurzelwerk,
zwischen Steinen usw. umherkriechen, oder — wie die
Wühlechsen — sich in Sand und Erde einbohren. Andere,
bei uns nicht vertretene Arten, ziehen die Hautfetzen
auch mit Maul und Füssen ab und fressen sie wohl gar
auf. Die Häutung der Echsen erfolgt im Jahre zuerst
nach Beendigung der Winterruhe und wiederholt sich
danach noch mehrere Male. Überaus charakteristisch
für die Echsen ist, dass ihr Schwanz sehr leicht abbrechen,
der abgebrochene Schwanz aber wieder nachwachsen
kann, oder aber dass die Bruchstelle verhornt. Ja, es kommt
sogar vor, dass, wenn der Schwanz nur eingebrochen
ist, an der Bruchstelle ein zweiter Schwanz hervor-
wächst.

Die Färbung und Zeichnung der Echsen ist oft eine
recht prächtige, bunte, vielfach aber auch eintönige,
düstere und den Aufenthaltsorten täuschend angepasste,
eine ausgeprägte Schutzfärbung. Im Frühjahr, zur Zeit
der Paarung, sind die Farben namentlich bei den Männchen
besonders leuchtende und überaus glänzende: die Tiere
tragen ihr Hochzeitskleid. Nur schade, dass sie nach
der Minne rasch wieder verblassen. — Die jüngeren Stücke
unterscheiden sich recht oft und zwar in der Regel in
viel auffallenderer Weise als wie das auch bei den
Schlangen der Fall ist, von den älteren Individuen durch
andere Färbung und Zeichnung.

Die Echsen sind sehr wärmebedürftig und meist
echte Sonnenkinder. Darum finden wir ja auch den
grössten Artenreichtum in südlicheren, wärmeren Gegenden. Zu ihren Aufenthaltsorten wählen sie meistens

auch sonnige Örtlichkeiten; in lichten Wäldern, auf Wiesen und Feldern, bebuschten Rainen, an felsigen Hängen, auf bewachsenen, steinigen Halden und in alten Steinbrüchen, an Ruinen und verfallenen Gemäuern u. v. a. m. wird man sie fast immer antreffen. Daselbst vorhandene Mäuse- und andere Löcher, Erdhöhlen, Steinhaufen, Felsenrisse, hohle Bäume, Astlöcher usw. liefern ihnen die Verstecke und Schlupfwinkel. — In ihren Bewegungen sind sie meistens recht flink; einige wenige nur (so bei uns die Blindschleiche) kriechen träge und langsam dahin.

Die Eidechsen sind alle ausgesprochene Raubtiere, aber bei uns durchgehends nützlich. Denn die Nahrung der deutschen Arten besteht meistens aus allerhand Insekten und deren Larven, Würmern, Schnecken u. ähnl. mehr. Daneben fallen sie wohl oft auch einmal über junge Tiere der eigenen Gattung und — wie die Smaragdeidechse — über kleinere Vögel, Mäuse u. dergl. her. In der Gefangenschaft nehmen einige auch gern vegetabilische Kost: süsse, fleischig-saftige Früchte an. Die Echsen trinken sämtlich, begnügen sich dabei aber meistens mit Regen- und Tautropfen.

Die Fortpflanzung geschieht durch Eier, die entweder einer Nachreife bedürfen oder sich auch im Mutterleibe entwickeln können. Nicht immer verläuft die Paarungszeit friedlich, die Männchen der Eidechsen bekriegen sich dabei oft heftig und nicht selten endet der Kampf für das eine oder beide Tiere mit dem Verlust des Schwanzes. Ich traf einst zwei Männchen der Zauneidechse an, die beide den Schwanz verloren hatten und stark blutend und gegenseitig verbissen sich am Boden wälzten. Leider hatte ich damals keine Zeit, den etwa 5 Minuten lang beobachteten Kampf bis zu Ende zu verfolgen und trennte daher die Streitenden voneinander. — Die Eier werden an ähnliche Örtlichkeiten abgelegt wie bei den Schlangen, vielfach auch vergraben.

Obwohl die Echsen ziemlich zählebig sind, überstehen sie doch Nahrungsmangel, Verwundungen — diese etwa mit Ausnahme des schon erwähnten Verlustes des Schwanzes — in weit geringerem Masse als wie die Schlangen. Auch gegen niedere Temperaturen sind sie meistens weit empfindlicher als wie diese und suchen daher in der Regel frühzeitiger als die Schlangen Winterquartiere zum Überdauern der kalten Jahreszeit auf.

Zahlreich sind die Feinde der Echsen; manchem Säuger, manchem Vogel sind sie eine willkommene Beute und für einige Schlangen bilden sie fast die ausschliessliche Nahrung. Auch der Mensch, der auf sein Herrschertum über die Kreaturen eingebildete, verfolgt sie oft. Ich habe es vielfach gesehen, wie namentlich Leute aus den niederen Volksschichten sie töteten, weil sie „giftig" sind — eine Ansicht, die wir mit allen Waffen bekämpfen müssen, wo wir ihr begegnen —; ich habe es manchesmal aber auch beobachtet, wie Andere die Tiere aus blossem Mutwillen töteten; und das waren fast immer die gebildeteren! Die Echsen, namentlich die unserer deutschen Gaue, verdienen unseren Schutz in weitgehendstem Masse; sie sind durch das Wegfangen schädlicher Tiere überaus nützlich und tragen, wir wollen nicht immer allein den materialistischen Standpunkt, ohne den aber der „ideal veranlagte" Deutsche nun einmal nicht mehr auskommt, betonen und in den Vordergrund stellen, auch ungemein viel zur Schönheit, zur Belebung eines Ortes bei. Wer die so flinken Tierchen in ihren oft so schönen, smaragdenen, farbengleissenden Panzerkleid nur einmal während eines schönen Frühlingstages auf einer sonnenbeglänzten Lichtung gesehen hat, der wird es auch empfinden, welchen Schmuck, welche Zier sie da bilden. Und sollten wir dann nicht auch ein wenig Liebe für sie erübrigen können? Ich denke, ja!

Die Echsen umfassen 2 Unterordnungen, die Kurz-zü ngler, *Brevilingua*, und die Spaltzüngler, *Fissilingua*. Die erstere ist durch die Familie der Wühlschleichen, *Scincoidae*, mit einer Gattung, die der Schlangen-schleichen, *Anguis*, letztere durch die Familie der Echten Eidechsen, *Lacertidae*, mit gleichfalls nur einer Gattung, der der Eidechsen, *Lacerta*, vertreten. Die Schlangenschleichen umfassen bei uns nur eine Art, die Gattung der Eidechse dagegen zählt deren vier.

Die Wühlschleichen, *Scincoidae*, sind schlangen-ähnliche Tiere, deren Gliedmassen entweder kurz oder gar stummelartig ausgebildet oder auch nur angedeutet, vielfach sogar — wie bei der einzigen deutschen Art, der Blindschleiche — äusserlich überhaupt nicht zu er-kennen sind. Der Kopf ist vom Rumpfe fast gar nicht abgesetzt und geht meist ohne jede Verengung in den-selben über, der Schwanz läuft allmählich aus den letz-teren heraus und ist stets sehr lang, oft auch um ein er-hebliches länger als der Körper selbst; ein wesentlicher Unterschied gegenüber den ähnlichen Schlangen. Die Augen haben längsgespaltene Lider, die Ohröffnungen sind entweder sichtbar oder fehlen ganz, die flache Zunge ist kurz, wenig vorstreckbar und an der Spitze schwach ausgerandet. Der Körper sowie der Schwanz sind ober- und unterseits mit grossen, glatten und glänzenden, fest-anliegenden Schuppen bedeckt, die auf Knochen- oder Kalktäfelchen sitzen. Letztere sind aus einer teilweisen Verkalkung der Unter- oder Lederhaut hervorgegangen.

Die Wühlschleichen sind durch die Gattung der Schlangenschleichen mit nur einer Art, der Blind-schleiche, *Anguis fragilis L.*, in Deutschland vertreten.

Die Blindschleiche — wem wäre sie wohl un-
bekannt? — ist eine der verbreitetsten Echsen und findet
sich als solche nicht nur in ganz Europa, sondern auch in
einem Teil von Afrika und Asien. Sie geht im Norden
bis nach Skandinavien (65. bis 66° n. Br.) hinauf und
kommt in Nordafrika in Algier, in Westasien in Palästina,
Persien usw. vor. In Deutschland gibt es wohl kaum
eine Gegend, in der sie nicht zu Hause wäre, sie geht
hier sowohl in die Gebirge hinauf, bewohnt Hochebenen
und Hügellandschaften und wird auch im Tieflande
gleich häufig angetroffen. In den Gebirgen findet man
sie bis zu etwa 1000 m Höhe. Sie stellt keine besonders
hohen Anforderungen an ihre Aufenthaltsorte, nur müssen
ihr Erdlöcher, Steine, Felsrisse, Wurzelwerk, Gras und
Gebüsch einen Unterschlupf gewähren können. Selbst
Gärten sucht sie nicht ungern auf. Bloss kahle, öde
Plätze oder allzu trockene Örtlichkeiten meidet sie.
Feuchtwarme Luft, mässig feuchte Wohnplätze und ge-
eignete Verstecke sind ihr Lebensbedingung.

Die Körperlänge der Blindschleiche beträgt 32—40,
wohl auch ausnahmsweise 45 cm, etwa die Hälfte ent-
fällt dabei auf den Schwanz. Färbung und Zeichnung
sind grossen Veränderungen unterworfen und nur selten
findet man zwei Tiere, die sich darin völlig glichen. Im
allgemeinen erscheint die Oberseite braun in bald helleren,
bald dunkleren Abtönungen, die Unterseite bleigrau bis
schwarz. Indessen kann die erstere auch graue Töne
in allen Nuancen von hell bis dunkel, isabellfarbene,
bronzene und kupferne, schwärzliche bis schwarze u.a.m.
annehmen. In der Regel herrschen beim Männchen
hellere, beim Weibchen dunklere Farben vor. Die
Seiten sind meistens dunkler abgetönt und beim Weibchen nach dem Rücken zu schärfer begrenzt als wie
beim Männchen. Längs der Rückenmitte zieht sich oft
ein dunkler Längsstreifen hin, der sich leicht in zwei

Anguis fragilis, L., Blindschleiche

oder noch mehr auflösen kann (*var. vittata*) oder es treten
an den Seiten Längsreihen häufig zusammenfliessender
schwarzer Punkte auf (*var. punctata*). Die Oberseite kann
ferner schwarz gestrichelt oder gesprenkelt erscheinen
(*var. striolata*) oder mit weissen, meist schwarz eingefassten
Tüpfelchen gezeichnet sein (*var. ocellata*) oder auch unregelmässig zerstreute, bisweilen auf dem Rückgrat zu
einen Längsstreifen zusammenfliessende himmel- bis korn-
blumenblaue millimetergrosse Punkte aufweisen (*var.
coeruleo-maculata*). Dann kann auch die Unterseite auf
gelblichem oder grauem Grunde mit schwarzen in 3 oder
4 Längsreihen stehenden schwarzen Tüpfelchen gezeichnet
sein (*var. ventri-maculata*) oder die mittleren Längsreihen der
Bauchschuppen rein blau, die drei seitlich davonstehenden
blau und rosa marmoriert erscheinen (*var. coeruleo-ventris*).
Schliesslich kann auch die Gesamtfärbung in einen
schwarzbraunen oder tiefschwarzen Ton übergehen (*var.
nigra*). —

Die Blindschleiche meidet meistens die direkten, heissen Sonnenstrahlen und hält sich tagsüber daher gern im Schatten überhängenden Gezweiges auf. Sie liegt dabei unbeweglich, wie leblos da und entgeht, zumal ihre Farbe ganz dem Erdboden angepasst ist, einem ungeübten Auge fast immer. Oft schaut sie auch nur mit dem Kopfe aus irgend einem Loche hervor. Es ist dann schwer, sie zu fangen. Denn wenn es auch glückte, den Kopf zu erfassen, so stemmt sie sich doch kraftvoll mit dem übrigen Körper gegen die Höhlenwände und lässt sich lieber in Stücke zerreissen, als dass sie nachgibt. Diese Kraft bekundet das Tier auch unter anderen Verhältnissen. „Glückt es der Schleiche," so schreibt DÜRIGEN, „wenn sie von einer Glattnatter erfasst worden ist, mit dem Schwanzende sich an einem Pflanzenstengel oder dergl. festzuhalten, so zwingt sie oft ihre Todfeindin, stundenlang sich mit ihr abzumühen; nimmt man eine Blindschleiche in die Hand, so schlingt sich dieselbe gern um die Finger und drückt dieselben mit einer Kraft zusammen, die man an dem so unbeholfenen Geschöpf gar nicht erwartet hätte; haben sich mehrere Exemplare ineinander verschlungen, so kostet es viele Mühe, eines derselben herauszulösen, und selbst dann, wenn man eines bis auf die Schwanzspitze frei gemacht hat, hält es mit der letzteren den ganzen Knäuel noch so fest, dass man an ihr die ganze Gesellschaft in die Höhe zu heben vermag." Das gegenseitige Um- und Ineinanderschlingen ist überhaupt eine bei den Blindschleichen recht häufig zu beobachtende Erscheinung.

Unsere Blindschleiche stellt in der Natur vor allem glatten Raupen, Würmern und Nacktschnecken nach und wird dadurch zu einem besonders für Gartenbesitzer und Landwirte recht nützlichem Geschöpf. Ein Beutetier beschleicht sie in der ihr gewohnten langsamen Weise, beschaut es sich ruhig und bedächtig, sperrt dann lang-

Anguis fragilis, L., Blindschleiche kriechend

sam den Rachen auf, um es behäbig zu erfassen und fest
gegen den Boden zu drücken. Ist das anfangs meist lebhaft
zappelnde und sich todesängstig windende Tier endlich
matter und infolgedessen auch ruhiger geworden, so
verzehrt die Schleiche es mit derselben Gemächlichkeit, mit
der sie es erfasst hat und wischt sich nach beendeter Mahl-
zeit nach Art der Echsen an Moos oder am Boden fein
säuberlich das Maul ab. Das Erfassen und Verzehren
der Beute nimmt immer viel Zeit in Anspruch, es dauert
oft 10, ja sogar bis 20 Minuten. „Haben zwei Schleichen
denselben Wurm zu gleicher Zeit gepackt," erzählt uns
der wiederholt zitierte DÜRIGEN, „so kann man nicht
selten beobachten, dass sie sich mit ziemlicher Schnelligkeit um ihre eigene Achse drehen und wälzen und dass
diese Bewegung von beiden Tieren auch wohl nach ent-
gegengesetzter Richtung ausgeführt wird. Offenbar be-
zwecken sie damit nur, die Beute zu teilen oder sich
gegenseitig zu entreissen, denn jede sucht nach ge-
schehener Trennung ihr Stück schleunigst unterm Moos usw.
vor den Augen der anderen zu bergen. In entsprechender

7*

Weise verfährt manche Schleiche auch, wenn der erfasste
Wurm am anderen Ende von einer Eidechse ergriffen
wird."

Im Oktober oder auch noch später zieht sich die
Blindschleiche zum Winterschlaf zurück. Sie wühlt sich
dazu selbst röhrenförmige Erdhöhlen, deren Eingangs-
löcher sie von innen mit Gras und Erde verstopft. Wohl
immer zu mehreren vereinigt, zusammengerollt und mit
einander verschlungen überdauern die Schleichen in
solchen Höhlen den Winter. Im März oder, je nach
dem Wetter, auch im April verlassen sie ihre Winterquartiere und verschreiten im Mai zur Paarung. Das
Männchen packt dabei das Weibchen am Kopfe oder
am Vorderkörper fest an und biegt seinen Rumpf halb-
kreisförmig zu dem Weibchen. In dieser Lage verharren
die Tiere mehrere Stunden. Etwa nach 12 Wochen
erfolgt die Geburt der 5 bis höchstens 12 Jungen. Die
Entwicklung derselben geschieht im Mutterleibe, die häutige
Hülle, in der sie eingeschlossen sind, durchbrechen sie
sofort bei der Geburt. Die eben ausgeschlüpften Jungen,
deren Grösse 8—9 cm beträgt, sind überaus schön gefärbt: die Oberseite ist glänzend silbergrau, hell isabell-
oder perlfarben, längs des Rückgrates mit einer schwarzen
Linie gezeichnet und hebt sich scharf ab von dem tiefen
Schwarz der Unter- und Körperseiten.

Die Unterordnung der Spaltzüngler, *Fissilingua*,
umfasst in Deutschland die Familie der Echten Eidechsen, *Lacertidae*, mit der Gattung Eidechse, *Lacerta*.

Die Eidechsen sind zierliche, in ihren Bewegungen
flinke und gewandte Tiere von gestrecktem Körperbau.
Rücken und Seiten des Rumpfes sind beschuppt, während
der Kopf und Bauch Schilder tragen. Der letztere ist

immer durch eine dünnere Halspartie und eine querlaufende Kehlfurche deutlich vom Rumpf abgesetzt; er ist
mittelgross, oben abgeplattet und an den Seiten steil abfallend, verschmälert sich nach vorn und erscheint mehr
oder weniger zugespitzt (ähnelt also etwa einer vierseitigen
Pyramide). Das Trommelfell liegt in der länglichrunden
Ohröffnung offen zutage. Die wohlausgebildeten Augen
besitzen längsgespaltene Lider. Die Zunge ist lang,
dünn und vorn zweispaltig, leicht beweglich und lässt
sich weit vorstrecken. Die gutausgebildeten vier Beine
besitzen je fünf, mit gekrümmten Krallen versehene
Zehen von ungleicher Länge. Der Schwanz verläuft
allmählich in eine feine Spitze und ist von gleicher oder
grösserer Länge als wie der Rumpf. — Die Sinne der
Eidechsen sind verhältnismässig gute und weit besser
ausgebildet, als bei den Tieren der verwandten Ordnungen der Schlangen und Schildkröten. Auch in bezug
auf ihre geistigen Fähigkeiten stehen sie über diesen.
Sie lassen unschwer eine gewisse Klugheit erkennen,
mit der sich oft eine grosse Neugier paart. An ihren
Pfleger in der Gefangenschaft gewöhnen sie sich
rasch und lernen ihn gut kennen und auch im Freien
werden sie dem Menschen gegenüber oft recht zu-
traulich (Mauereidechse), um aber bei Verfolgungen und
Nachstellungen sofort ein scheues und vorsichtiges Wesen
anzunehmen.

Die Eidechsen sind in unserem Vaterlande durch
vier Arten, nämlich die Smaragdeidechse, *Lacerta
viridis* (*Laur.*), die Zauneidechse, *Lacerta agilis, Wolf.*
die Bergeidechse, *Lacerta vivipara, Jaquin,* und die
Mauereidechse, *Lacerta muralis* (*Laur.*), vertreten.

Die Smaragdeidechse, *Lacerta viridis* (*Laur.*), ist
die grösste ihrer Sippe in Deutschland und erreicht

bei uns eine Länge von 30 bis 40 cm. Nur in ihrer
ursprünglichen Heimat, dem sonnigen Süden, aus dem
sie zu uns auf dem Wege der Einwanderung gekommen
ist, mag sie bis 60 cm und wohl auch einmal darüber
lang werden.

Sie ist, wie eben schon angedeutet, ein Tier Süd-
und Südosteuropas und bewohnt ausserdem noch Vorder-
asien bis zum Süden des Kaspischen Meeres. In Deutschland ist sie selten, und hier nur bei Passau beobachtet
und weiter mit Sicherheit noch am Ober- und Mittel-
rhein, im unteren Nahetal, im mittleren Moseltal um
Trier, bei Oderberg und an einigen anderen Orten in
der Mark Brandenburg, Pommern, des nördlichen Posens
und in der südlichen Spitze der Provinz Westpreussen
nachgewiesen worden.

Die Smaragdeidechse ist ein kräftig gebautes Tier
mit walzigem, in der Mitte etwas verdicktem Rumpf und
erscheint durch den in eine dünne Spitze auslaufenden,
das Doppelte der Körperlänge erreichenden Schwanz
schlanker als wie sie es tatsächlich ist. Der Kopf ist
etwa anderthalbmal so lang als breit, breiter als hoch
und erscheint daher dreieckig zugespitzt, er ist beim Männchen etwas länger und stärker, beim Weibchen kürzer und
feiner gebaut. Die Hinterbeine messen drei bis vier
Fünftel der Rumpflänge und reichen, nach vorn gelegt,
mit der Kralle der längsten Zehe beim Männchen bis
an die Achseln oder darüber hinaus, beim Weibchen
jedoch nicht bis an diese heran. Die Färbung und
Zeichnung ändert nach Alter, Geschlecht und Standort
sehr ab. Die Grundfarbe der Oberseite besteht beim
Männchen in einem Grün, beim Weibchen dagegen in
einem Grün- oder Graubraun und geht unterseits in
einen weisslichen, weissgelben und grüngelben Ton
über. Die Kehle erscheint, besonders beim Männchen,
oft in einem schönen Blau. Die Oberseite ist, vorzugsweise

bei jüngeren oder weiblichen Tieren, ausserdem noch mit dunklen Punkten und Flecken, sowie helleren Streifen, beim Männchen oft mit eingestreuten gelblichen und weissen oder auch dunkleren Pünktchen gezeichnet. Die Iris ist stets rötlichweiss gefärbt und das obere Augenlid mit einem dunklen Punkt gezeichnet, während die Krallen braun erscheinen. Die Jungen weichen stark von älteren Tieren ab: sie sind unmittelbar nach der Geburt oberseits einfarbig leder- oder graubraun, unterseits schmutzigweiss gefärbt und lassen erst nach der ersten Häutung schwache Andeutungen einer Zeichnung erkennen, die auffallender aber erst im folgenden Frühjahr hervortritt.

Wie bei den früher geschilderten Kriechtieren bereits, so kennt man auch von der Smaragdeidechse zahlreiche Unterarten. Wir nennen hier zunächst die bei Kreuznach gefundene, in Südeuropa häufige Varietät *concolor*, bei der das Männchen in einem lebhaften Grün erscheint, das nur unterbrochen wird durch braune und grüngraue Tüpfelchen am Kopf und dem braunen Schwanzende, während das Weibchen an der Oberseite hellgrün gefärbt ist oder eine grünbraune beiderseits durch weissliche Längsbinden eingefasste Rückenmitte besitzt. Die Kehle ist in der Regel gelb. Die Varietät *punctata* kennzeichnet sich dadurch, dass das Männchen auf grüner oder hellgrüner Oberseite mit zahlreichen schwarzen, schwarzbraunen oder olivenbraunen Tüpfelchen und Punkten gezeichnet ist, die oft so zahlreich vorhanden sind, dass dadurch die Grundfarbe zurückgedrängt erscheint. Die Kehle strahlt meistens in leuchtendstem Blau. Das Weibchen ist entweder auf hellgrünem Grunde schwarz getüpfelt oder daneben auch noch mit zwei oder vier weisslichen bis gelblichen von dunklen Flecken begleiteten Längsstreifen gezeichnet. Bei einer dritten Varietät *maculata* endlich vereinigen sich beim Männchen die dunklen Tüpfelchen zu grösseren Flecken

von braunschwarzer bis tiefschwarzer Farbe. Oft sind
diese Flecken zu Längsreihen angeordnet. Das Weibchen ist entweder mit gleichen Flecken oder ausserdem
noch mit 2 gelben Binden längs des Rückgrates gezeichnet. Weitere Varietäten gehören ausschliesslich
dem Süden bzw. dem Osten an, weshalb ich sie hier
übergehe.

Die Smaragdeidechse wählt zu ihren Standorten
nur sonnige, warme Lokalitäten und meidet dunkle
Wälder, schattige Täler und Schluchten, Moore, feuchte
Gründe, zugige und kalte Plateaus. Felsige Hänge und
Halden, Berglehnen, Waldlichtungen und -Ränder, alte
Mauern und ähnliches mehr bilden ihre bevorzugten
Wohnstätten, Bedingung dabei ist aber stets, dass
Pflanzenwuchs vorhanden ist. Denn die Eidechse liebt
es ungemein, auf Buschwerk, hohe Grasbüschel, Bäumchen und ähnliches mehr zu steigen, um sich hier
zu sonnen. Sie ist ein überaus scheues Tier und ergreift
bei nahender Gefahr immer die Flucht, sich vor ihren
Verfolgern in dichtem Gebüsch und Baumkronen ver-
bergend oder in ihren Schlupfwinkeln: Erdhöhlen, Stein-
und Mauerlöchern, unter Wurzelwerk usw. Sicherheit
suchend. Überrascht und beunruhigt man sie auf einem
Baume, so wagt sie oft grosse Sprünge und sucht dann
am Boden ihr Heil in der Flucht. Bei ihrem scheuen
Wesen und ihrer grossen Vorsicht, zu denen sich noch
ihre Gewandtheit gesellt, ist es nicht immer leicht,
ihrer habhaft zu werden. Nur in den frühen Morgenstunden, wenn die Sonnenstrahlen sie noch nicht durch-
wärmt haben, „bleibt sie, wie an allen Gliedern durch
die Kälte der Nacht gelähmt, ruhig sitzen und strengt
sich vergeblich an, der Gefangenschaft durch eine
schnelle Flucht zu entgehen, da ihr die Glieder den
Dienst versagen" (MILDE). So scheu wie sie ist, so
tapfer benimmt sie sich aber auch, wenn sie einmal in

die Enge getrieben ist. Durch kräftige Bisse erwehrt
sie sich ihrer Verfolger, vielfach mit recht gutem Erfolg.
„Mit den geschworenen Feinden der kleinen Eidechsen,
der Schling- und der Aeskulap-Natter," schreibt DÜRIGEN,
„leben die kraftbewussten, grossen Exemplare unseres
Grüneders auf ständigem Kriegsfuss; denn sie suchen
nicht nur den Nachstellungen der Schlangen entgegen-
zutreten, sondern gehen unter Umständen selbst zum
Angriff vor, und die Schlingnatter, die dies erfahren,
wird sich nur dann an die *viridis* wagen, wenn sie
schwächere Verwandte derselben zur Stillung ihres
Hungers nicht mehr antrifft. Am Mittag des 7. Juli 1880
fand ich eine 50 cm lange Glattnatter, welche mit einer
grossen Smaragdeidechse den Aufenthalt teilte, tot vor,
sie lag in drei Windungen da; die Eidechse mochte von
der Schlange angegriffen und umschlungen worden sein,
die erstere aber hatte diese, wie die Wunde erwies, am
Halse gepackt und ihr die Kehlgegend dermassen zu-
geschnürt, dass die Natter — welche während des
Kampfes auch, wie die auf dem Moos und auf der Haut
ihrer Gegnerin bemerkbaren roten Flecken bekundeten,
viel geblutet hatte — ersticken musste, wogegen dem
Grüneder keinerlei Unbill erwuchs. Selbst einer Aeskulapnatter gegenüber, welche fast die dreifache Länge jener
Schlingnatter (an 150 cm) hatte, zeigte sich die 38 cm
lange *viridis* furchtlos und wehrhaft. Als ich nämlich in
ein Terrarium, in welches die Smaragdeidechse nebst
verschiedenen kleinen Genossen und Verwandten über-
gesiedelt war, die Aeskulapnatter brachte, geriet die kleine
Gesellschaft in hellen Aufruhr, um sich aber schleunigst
aus dem Staube zu machen; nur der Grünz räumte der
Natter nicht das Feld, nahm vielmehr, den Vorderkörper
hoch aufgerichtet und zuweilen erregt mit den Vorderfüssen trippelnd, Gefechtsstellung ein, packte den Feind,
als derselbe sich langsam heranschlängelte, ungestüm am

Halse und biss sich hier, wie er es bei der Glattnatter getan, krampfhaft fest; indes war die Eidechse diesmal dem Gegner nicht gewachsen, denn mit einer energischen Seitenbewegung schüttelte dieser den Grünrock ab, so dass dieser nun verdutzt das Weite suchte." Ein auffälligeres Vorkommnis erzählt der Tiroler Faunist GREDLER: „Eine Aeskulapnatter, seit langem schon mit einer *viridis* in bestem Einvernehmen lebend und im übrigen ebenfalls ganz gutartig, war plötzlich nach der Hand des Pflegers geschossen, aber in demselben Augenblick hatte auch die Eidechse sich mit höchster Erbitterung in den Nacken der Natter gebissen und schlug sich längere Zeit mit ihr herum, bis sie wieder losliess." Aber auch gegenseitig befehden sich die Smaragdeidechsen oft aufs heftigste, KNAUER schildert uns in anregendster Weise einen solchen Zweikampf. „Einst war ich in der Umgebung Wiens an einer Stelle," so erzählt er. „auf der ich schon wiederholt Gottesanbeterinnen erbeutet hatte, auf der Suche nach diesen grünen Insekten, die sich dem Blicke so gut zu entziehen wissen. Da lässt mich ein derbes Rascheln weiterhin nach dem Gebüsche blicken und ich sehe zwei Männchen der grünen Eidechse mit prächtig blauer Kehle miteinander im Kampfe. Solch regelrechten, anhaltenden Kampf nach der Fortpflanzungszeit, es war im August, hatte ich an freilebenden Tieren noch nicht gesehen. Mit dem Vorderkörper hoch aufgerichtet, standen sie sich, mit einem Grimm, der sie ihre Umgebung ganz vergessen liess, einander gegenüber und stürzten dann mit geöffnetem Munde auf einander los. Jeder suchte den anderen durch rasche Bogenwendungen zu überrumpeln und ihn seinerseits von rückwärts anzugreifen. Dass sie bei solchen Kämpfen sich gegenseitig in den Schwanz kneipen, diesen auch abbeissen, hatte ich oft gesehen, nicht aber wie hier, dass der eine den Hinterkopf des anderen mit seinen

Kiefern umspannte und mit aller Gewalt zusammen-
presste. Sowie einer den anderen losliess, standen sie
sich schon wieder wütend gegenüber. Einer war er-
sichtlich der stärkere; die Art, wie er seinen Gegner
betrachtete, wie er seinen Kopf zum Ausholen nach
rechts oder links zurückbog und den Hals aufblähte, um
dann mit allem Kraftaufwand von neuem über seinen
Gegner herzufallen, liess unwillkürlich den Vergleich mit
einem kämpfenden Stier aufkommen. Über eine halbe
Stunde mochte in diesem heftigen Ringen vergangen
sein, ohne dass es dem stärkeren gelungen wäre, seinen
schwächeren Gegner ganz aus dem Felde zu schlagen.
Da fiel plötzlich eine Heuschrecke schnarrend auf dem
Felde ein und sofort stürzte das stärkere Männchen über
diese her, während sein Gegner die vielleicht willkommene Gelegenheit benutzte, sich davon zu machen."

Die Nahrung der Smaragdeidechse besteht in allerhand Insekten (Heuschrecken, Grillen, Käfern usw.), in
Würmern, Schnecken u. ähnl. mehr. Gelegentlich mag
sie auch einmal über ein junges Tier der eigenen Verwandtschaft herfallen, wie sie auch kleinere Mäuse, junge
Ratten oder gar einen Vogel nicht verschmäht.

Ihren Winterschlaf beginnt sie bei uns frühzeitig;
bereits Ende September oder im Oktober zieht sie sich
in ihre Herbergen zurück und verlässt diese wohl kaum
vor dem April. Nur in südlicheren, wärmeren Gegenden
trifft man sie noch bis zum November und vor April
wieder im Freien an. Die Paarungszeit ist unter diesen
Umständen auch verschieden, in Deutschland findet sie
kaum vor Mai statt und zieht sich oft bis in den Juni
hinein, das Männchen prangt dann in seinem farben-
prächtigsten, hochzeitlichen Kleide. Die Ablage der
5 bis 13, auffallend länglichen Eier geschieht in der Regel
im Juli, kann aber auch erst im August erfolgen. Die
Jungen, die etwa 8—9 cm messen, verlassen frühestens

im Juli, oft aber auch erst im September die Eihülle
und unterscheiden sich, wie wir früher schon gesehen
haben, in Farbe und Zeichnung zunächst sehr auffallend
von ihren Eltern.

Die Zauneidechse, *Lacerta agilis Wolf*, ist nach der
Smaragdeidechse die grösste unserer Eidechsen, erreicht
an Körperlänge aber nur die knappe Hälfte von dieser.
Denn sie wird bei uns bis zu 20 cm lang und kommt
nur bei einigen südeuropäischen Formen höchstens an
27 cm heran. Ihr Körper ist kräftig gebaut und im
Verhältnis zu allen ihren deutschen Verwandten auch
am plumpesten. Der Rumpf verdickt sich vom Halse
an allmählich nach hinten, der Kopf ist hoch und hinter
den Augen beiderseits etwas aufgetrieben, er verengt
sich nach vorn schnell in die stumpf abgestutzte Schnauze.
Die Beine sind kurz; die Vorderfüsse nach vorn gelegt,
reichen nur bis an die Augen, die Hinterfüsse ein wenig
bis über die Mitte des Rumpfes hinaus. Der Schwanz,
etwa anderthalbmal so lang wie der Körper, erscheint
an der Wurzel rundlich viereckig und oberseits längs der
Mitte etwas eingedrückt, er verläuft allmählich in eine
mässig dünne Spitze. Über Färbung und Zeichnung gilt
das schon für die Smaragdeidechse gesagte und auch
auf die anderen Arten zutreffende: sie sind nach Alter,
Geschlecht und Standort grossen Abänderungen unterworfen. Im allgemeinen sind die Männchen auf dem
Rücken braun in den mannigfaltigsten Abtönungen, an
den Seiten grün und am Bauche grünlich, gelblichgrün
oder bläulichweiss gefärbt, oberseits einfarbig oder dunkel
punktiert und gefleckt, an den Seiten mit Augen- oder
anderen dunklen, braunen bis schwarzen Flecken und
Punkten gezeichnet. Zur Paarungszeit sind die Farben
leuchtender, lebhafter, das Grün namentlich erscheint

Lacerta agilis Wolf, **Zauneidechse**

besonders glänzend und dehnt sich leicht über grössere
Teile des Körpers aus. Die Weibchen sind auf dem
Rücken und an den Seiten braun gefärbt — das Braun
erscheint auch hier in den mannigfachsten Nuancierungen
— und gewöhnlich mit mehreren Längsreihen grösserer
Augenflecke gezeichnet, von denen eine auf dem Rücken,
zwei an jeder Seite sich befinden. Die Augen sind
goldglänzend, die Krallen braun. Die jungen Tiere sehen
oberseits und seitlich braungrau bis dunkelgelbgrau
aus und sind mit mehr oder weniger in Längsreihen angeordneten weisslichen, schwarz umrandeten Augenflecken
gezeichnet. Die Unterseite erscheint einfarbig weisslich
mit Übergängen ins graue, grauliche und gelbliche.

Auch von der Zauneidechse hat man einige in der
Zeichnung besonders auffallend abändernde Formen besonders benannt. Die Varietät *immaculata* ist vollständig
ungefleckt, die Varietät *albolineata* zeigt auf dem Rücken

einen oder auch drei weissliche Längsstreifen, die Varietät *nigricans* erscheint durch Überhandnehmen der dunklen
Flecken dunkel gefärbt, die Varietät *melanonota* weist
auf dem Rücken ein von weisslichgrauen Streifen ein-
gesäumtes, tiefschwarzes Längsband auf, während bei der
Varietät *erythronota* der ungezeichnete Rücken von schön
rostbrauner Farbe ist.

Die Zauneidechse bewohnt von Südschweden an
ganz Mitteleuropa und ist in Deutschland mit der Bergeidechse die verbreitetste ihrer Sippe. Sie fehlt keinem
Lande, keiner Provinz und ist im Tieflande sowohl wie
im Gebirge, in dem sie bis zu 1200 m hoch emporsteigt,
zu Hause. Zu ihren Standorten wählt sie trockene und
sonnige, mit Gras und Kraut bestandene oder bebuschte
Lokalitäten, findet sich weiter in lichten Waldungen und
Gehölzen ebenso wie auf Wiesen, Heideflächen und an
Strassenrändern, an Berglehnen und in Steinbrüchen
gleicherweise wie an allerhand altem Gemäuer. Nur
Sümpfe und Moore, feuchte, hochgrasige Wiesen, finstere
Wälder, dunkle Täler und kahle, hartgrundige Stellen
meidet sie. An ihren Standorten gibt sie sich tagsüber
eifrig der Jagd auf allerhand Insekten und Gewürm hin
und fällt dabei auch grössere Exemplare dieser Tiere an,
die sie dann durch Aufdrücken am Boden, auf einen
Stein usw. zerkleinert und sich mundgerecht zubereitet.

Sie ist, obwohl mitunter auch etwas neugierig, doch
immer scheu und entzieht sich ihren Verfolgern durch
rasches Flüchten in dichtes Pflanzenwerk, unter Wurzeln
und Steine oder in ihre Verstecke. Die letzteren sucht
sich die Zauneidechse in allerhand Erd- und Felsen-
löchern, zwischen und unter Steinen, in Mäuselöchern,
Baumlöchern u. ähnl. mehr. Ja, sie gräbt sich wohl
auch selbst einmal eine röhrenförmige Höhle in den
Boden. Sie klettert nicht schlecht, aber bei weitem nicht
so gewandt wie ihre grosse, grüne Schwester und wohl

Lacerta agilis, Wolf. Zauneidechse

auch nur mehr ausnahmsweise. Ich habe sie im Freien
hin und wieder auf niedrigen, dichtbeasteten Fichten-
und Tannenbäumchen angetroffen, von wo aus sie gelegentlich auch ein erreichbares Insekt anfällt. Nicht
selten nimmt sie ihren Verfolgern gegenüber kampfeslustig eine Verteidigungsstellung ein und versucht sie
durch allerdings recht harmlose Bisse los zu werden. Ich
traf einst ein altes, ausgewachsenes Männchen sich
sonnend auf einer niedrigen, etwa 50 cm hohen Tanne
an, das durchaus keine Neigung zur Flucht zeigte, vielmehr mit hochgehobenem Vorderkörper mein Näher-
treten abwartete und bei meinem Zugreifen zornig und
ununterbrochen in meine Hand biss. Das Tier besass
übrigens einen ganz ungewöhnlich bissigen Charakter
und verteidigte sich noch nach Wochen im Terrarium
auf die gleiche Weise.

Anfangs, oder bei günstigem Wetter auch erst Mitte
Oktober ziehen sich unsere Zauneidechsen in ihre

Winterquartiere zurück. Im Frühjahr erscheinen sie frühestens um Mitte März und verschreiten bald darauf zur Paarung. Es ist hochinteressant, die Tierchen dabei zu beobachten, und zu sehen, wie das hochzeitlich geschmückte Männchen um das Weibchen wirbt. Dass es dabei auch nicht immer ohne erbitterte Kämpfe der Männchen abgeht, sagte ich schon früher. Etwa acht Wochen nach erfolgter Begattung legt das Weibchen ihre 5 bis 14 rundlichen, schmutzigweiss gefärbten Eier ab. Es gräbt sich nicht selten dazu ein Loch, das es dann wieder mit Erde zuscharrt, oder verbirgt die Eier unter Moos, Laub, Steinen u. ähnl. mehr. Einmal war ich auch Zeuge, wie die Eier an der Hinderwand eines alten Gebäudes sogar völlig frei abgelegt wurden. Die Entwicklung der Jungen im Ei nimmt ungefähr die gleiche Zeit in Anspruch, wie die der Eier im Mutterleibe. In der Zeit von Ende August bis in den September hinein durchbrechen die Jungen, die bei ihrer Geburt etwa 5 cm messen, die Eihüllen.

Die Bergeidechse, *Lacerta vivipara*, *Jaquin*, ist die kleinste der deutschen Lacertiden und erreicht eine Länge von 12 bis höchstens 16 cm. Und wie die kleinste, ist sie auch die am schlankesten gebaute. Der Körper ist schmal und schmächtig, fast vierkantig; der Kopf um ein Drittel bis fast die Hälfte länger als breit und seitlich ziemlich senkrecht abfallend, er ist über den Augen sanft gewölbt und gegen die abgerundete Schnauzenspitze leicht nach abwärts geneigt. Der Schwanz ist etwa um ein Drittel länger als der Rumpf, kann aber auch bis zu des letzteren Länge herabgehen, an der Wurzel rundlich vierkantig und oben etwas abgeplattet, wird aber bald rund und verläuft erst von seiner Mitte aus in die kurze, dünne Spitze. Die

Beine sind kurz, die vorderen reichen etwa bis an das
Auge, die hinteren bis zur Körpermitte. Färbung und
Zeichnung sind bei der Bergeidechse beständiger als bei
anderen Arten; das Männchen ist auf dem Rücken nuss-
bis kastanienbraun oder graubraun gefärbt und in seiner
Mitte mit einer Reihe schwarzbrauner bis schwarzer, sich
bis zur Schwanzmitte hinziehenden Punktflecken, die oft
zu einer Längsbinde zusammenfliessen, gezeichnet. Die
dunkelbraunen Seiten sind von dem Rücken durch eine
weisslich-helle Fleckenreihe abgegrenzt und tragen oft
dichtstehende dunkelbraune Flecken. Nach dem Bauche
zu sind sie oft noch durch eine Reihe weisslicher und
schwärzlicher Flecken abgesetzt. Kinn, Kehle und Hals
sind bläulich, blaugrün oder rosa angeflogen, die Unterseite des Körpers ist auf safrangelben, oft auch in andere
gelbliche Töne übergehendem Grunde dicht schwarz oder
schwarzgrün gesprenkelt. Das Weibchen ähnelt dem
Männchen sehr, nur ist die Unterseite bleicher und ungefleckt oder nur in den äusseren Partien dunkel gepunktet.
Die Jungen sind von auffallend dunkler, fast schwarzer
Farbe. — Man hat von der Bergeidechse bei uns neben
der Stammform noch 2 Varietäten unterschieden, die
man früher sogar als besondere Arten ansah. Die Varietät
nigra ist von einem dunklen, ins tiefschwarze übergehenden Ton, die Varietät *montana* dagegen von hellerer
Farbe, in der sich namentlich ein Grün auffallend be-
merkbar macht.

Die Bergeidechse ist von allen europäischen Arten
die verbreitetste und nimmt in bezug auf ihre Verbreitung unter den Eidechsen die Stellung ein, die der·
Kreuzotter unter den Schlangen zukommt. Ihr Verbreitungsbezirk erstreckt sich von Irland im Westen
durch Asien hindurch bis zu den östlichen Küsten-
ländern Sibiriens, von Norditalien im Süden bis nach
Lappland im Norden. Immerhin aber bleibt sie dabei

an Häufigkeit hinter der Zauneidechse zurück und ist namentlich auch bei uns in Deutschland, wennschon über das ganze Reich verbreitet, an nicht so vielen Orten vorhanden, wie die letztere. Freilich entzieht sie sich auch vielerorts, ich muss da zum Teil wieder an die Kreuzotter denken, durch ihre versteckte Lebensweise, ihren Aufenthalt an weniger besuchten Orten, ihre geringe Grösse und ihre dem Erdboden so sehr angepasste Farbe leicht der Beobachtung. Zu ihren Aufenthaltsorten zieht sie im Gegensatz zu der Zauneidechse feuchte, immerhin aber warme Orte vor und bewohnt feuchte Waldungen und Wiesen, moorige und sumpfige Gebiete, Brüche usw. in der Ebene, Hochmoore, feuchte Bergwiesen, schattige Abhänge, Bachränder usw. im Gebirge, in das sie bis zu 2500 m, stellenweise sogar bis zu 2800 m emporsteigt, und meidet hier selbst kahle, steinige Gipfel und Plateaus nicht, wenn sie an ihnen nur die notwendige Feuchtigkeit findet. Ihre Verstecke befinden sich meistens unter Gestrüpp und Wurzelwerk, hinter loser Baumrinde usw. Bei Gefahr zieht sie sich sofort in diese zurück, klettert aber auch gern an Baumstämmen empor, an denen sie infolge ihres braunen, rindenähnlichen Kleides dem spähenden Auge nur allzu leicht entgeht. Auch das Wasser benutzt sie gern auf der Flucht und rettet sich schwimmend oder am Grunde hinkriechend vor ihren Verfolgern. Ihr steht ja sonst kein Verteidigungsmittel zu Gebote, sie beisst nicht wie ihre Verwandten und — einmal ergriffen — sucht sie sich nur durch krampfhafte Windungen, bei denen nicht selten ihr Schwanz verloren geht, aus der Umklammerung zu befreien.

Ihr ganzes Wesen ist so grundverschieden von ihren Verwandten allen; sie ist ruhiger, bescheidener als diese, „offenbart weder die reizende Keckheit und Neugier und das neckische Gebaren der Zauneidechse, noch die

Leidenschaftlichkeit und das Ungestüm des Grüneders
und den leichten Sinn und die freundliche Lebensauf-
fassung der Mauereidechse, aber auch nicht die ruhige
Besonnenheit der Blindschleiche, sie lebt vielmehr zurückgezogen und unbekümmert um Freunde und Verwandte
still für sich hin, ein Beispiel verkörperter Schüchtern-
heit und Harmlosigkeit" (DÜRIGEN).

Ihre Nahrung besteht in Würmern, Tausendfüsslern,
Insektenlarven und ähnlichem mehr, die sie nach Beobachtungen AD. FRANKE'S sogar aus dem Wasser
herausholt. Geflügelte Insekten frisst sie wohl nur einmal, wenn sie solche gelegentlich erbeutet, Jagd auf sie
macht sie wohl kaum, da ihr die dazu nötige Gewandtheit. die alle ihre Verwandten in so grossem Masse besitzen, völlig abgeht.

In die Winterruhe zieht sich die Bergeidechse
später als ihre Gattungsgenossen zurück und kommt aus
dieser auch wieder früher hervor als jene. Natürlich
sind Beginn und Ende derselben von der herrschenden
Temperatur und dem Klima ihres Aufenthaltsortes abhängig, im warmen Tieflande wird die Zurückgezogen-
heit kürzer sein als droben im rauheren Gebirge. Prof.
MARTENS beobachtete die erste Bergeidechse einmal
bereits am 28. Februar. Mitte oder Ende April erfolgt
in der Regel die Paarung, die bei unserer Art ihrem
Wesen gemäss ruhiger verläuft, als bei ihren Verwandten.
Ende Juli, nach LACHMANN meist in der Nacht, erfolgt die Geburt der 3 bis 9 Jungen, deren völlige Ent-
wickelung bereits im Mutterleibe vor sich gegangen ist
und die sofort die häutige Eihülle, in der sie eingeschlossen sind, durchbrechen. Man hat die Bergeidechse daher auch die lebendiggebärende (= *vivipara*)
genannt. Die Jungen sind bedeutend kleiner als die
der Zauneidechse und verkriechen sich nach LACH-
MANN sofort unter Steinen, Laub, feuchtem Moos oder

8*

in Erdritzen, wo sie, zusammengerollt, wie leblos, mehrere Tage verharren. Nach etwa 8 Tagen sind sie hier zu etwa doppelter Grösse herangewachsen und beginnen ihrer Nahrung nachzugehen.

Die Mauereidechse, *Lacerta muralis* (*Laur.*) ist gleich der Smaragdeidechse eine ausgesprochene südeuropäische Art und wie die letztere auch bei uns nur eingewandert. Sie bewohnt in Deutschland das obere und mittlere Rheingebiet und hat sich von da aus über Nachbarlandschaften, die Reichslande, Baden und einen Teil Württembergs, die Rheinpfalz, Hessen, Nassau und einem Teil Rheinpreussens ausgebreitet.

Sie ist die flinkeste und gewandteste unserer Eidechsen und, wenn auch nicht so zart wie die Bergeidechse, so doch von recht schlankem Bau: der Körper ist lang, gestreckt und oben etwas abgeplattet, der Kopf verschmälert sich nach vorn und läuft in eine zugespitzte Schnauze aus. Die Vorderbeine reichen bis an die Nasenlöcher oder an die Schnauzenspitze, die Hinterbeine bis an die Achseln oder auch etwas darüber hinaus. Nur selten erreichen sie die Achseln einmal nicht ganz. Der Schwanz ist an seiner Wurzel deutlich vierkantig, rundet sich aber bald zu und verläuft in eine lange Spitze; er ist stets länger als der Rumpf und erreicht in der Regel das Doppelte von diesem. Die Gesamtlänge der Mauereidechse schwankt zwischen 14 und 18—19 cm und erreicht bei einigen südeuropäischen Formen 20—22, wohl gar auch einmal 23 cm, kann aber auch wieder unter 14 cm herabgehen. In Form und Zeichnung ändert wohl kaum eine Eidechse so ab, wie unsere Art; DÜRIGEN beschreibt von ihr allein 34, allerdings in der Hauptsache auf den Süden und Osten beschränkte Formen. Die mitteleuropäische, bei uns vertretene Form (*L. muralis*

Lacerta muralis (Laur.) Mauereidechse

typica) wird als Stammform betrachtet; ob zu Recht oder Unrecht, wollen wir nicht erörtern, denn es ist darüber an anderen Stellen schon bald mehr als genug geschrieben worden. Bei ihr ist das Männchen auf dem Rücken braun oder graubräunlich gefärbt und mit einer längs des Rückgrates verlaufenden Reihe oder auch zusammenhangloser schwärzlicher Flecken gezeichnet. Die Seiten enthalten bandartig angeordnet dunkelbraune bis schwarze Flecken, in die von oben und unten hellere weissliche und weissgraue eingreifen. Der Bauch ist entweder einfarbig blauweiss, grünlich, gelblich bis rötlich oder ziegelrot gefärbt oder häufiger auf solchem Grunde rotbraun, schwarzbraun und schwarz getüpfelt und nach den Seiten von einer aus blauen oder blaugrünlichen, unten schwarz gerandeten oder aus abwechselnd stehenden blauen und schwarzen Flecken gebildeten Längsreihe abgegrenzt. Die Weibchen sind matter gefärbt und auf dem Rücken weniger reich gezeichnet, auf der hellen Unterseite meist ungefleckt, besitzen aber dafür ein um so schärfer abgegrenztes, oben und unten weisslich gesäumtes Seitenband. Die Jungen sind oberseits ungefleckt, von brauner bis grauer, oft ins olivengrünliche bezw. bräunliche spielender Farbe und besitzen dunkle bis schwarzbraune, nach oben und unten weisslich abgegrenzte Seiten.

Hinsichtlich ihres Aufenthaltsortes ist die Mauereidechse weniger wählerisch als manche andere Art; sie verlangt als ein Tier des Südens nur Wärme und Sonne sowie Trockenheit. Parkanlagen, Gärten und Weinberge sucht sie in gleicher Weise auf wie alte Mauern, Häuser, Festungswerke und Ruinen; in Tälern trifft man sie an wie auch an Berghängen und auf Bergen selbst; Böschungen, Strassen- und Feldränder u. v. a. m. beherbergen sie. Sogar die Wohnungen des Menschen meidet sie nicht; im Obergeschoss und Fachwerk der Häuser kann man sie oft antreffen und selbst auf Kirchtürmen ist sie beobachtet worden. Im Gebirge steigt sie bis zu 1700 m empor. Ihre Schlupfwinkel sucht sie in allerhand Rissen und Spalten der Mauern und Häuser, in Löchern und Ritzen der Felsen und steiler Erdwände und nur, wo ihr diese fehlen, verbirgt sie sich in Pflanzen- und Wurzelwerk.

Die Mauereidechse ist ein recht neugieriges und zutrauliches Tierchen und zeigt im allgemeinen wenig Scheu vor dem Menschen. Nur dort, wo sie verfolgt wird, wird sie furchtsam und flieht eiligst beim Nahen des letzteren. Ihre Bewegungen sind anmutig und so flink, dass man ihr, huscht sie am Boden dahin, kaum mit den Augen folgen kann. Dabei wagt sie auch manchmal einen weiten Sprung. Und ebenso flink, wie sie am Boden dahingleitet, klettert sie an senkrechten Mauern, Zäunen und Baumstämmen empor und macht sich dabei verständig jede Rauheit, jede Unebenheit zu-

nutze. Interessant ist es, die gewandten Tierchen auf
der Jagd nach ihrer Nahrung: allerhand kleineren Tieren,
wie Insekten, Würmern usw. zu beobachten, die sie mit
grossem Geschick zu fangen versteht, aber vielfach gegen
futterneidische Artgenossen verteidigen muss. Kämpfe
untereinander sind überhaupt nichts seltenes, namentlich
zur Paarungszeit, und oft ereignet es sich dabei, dass
sie sich gegenseitig die Schwänze abreissen und diese
dann mit scheinbar recht gutem Appetit verzehren.

Ihr Winterschlaf — in südlichen Ländern erfolgt
ein solcher wohl kaum — ist ziemlich kurz und dauert
von Ende Oktober bis zum zeitigen Frühjahr. In
Württemberg hat man sie noch im November im Freien
angetroffen und GEYSENHEYNER hat sie bei Kreuznach schon am 1. März wieder gesehen. Die Paarung
erfolgt an den ersten anhaltend warmen Tagen nach
der Beendigung der Winterruhe, die Eiablage mitunter
schon im Mai, in der Regel aber erst im Juni und kann
bis in den Juli hinein anhalten. Die Zahl der Eier
beträgt 3 bis 8; sie werden vom Weibchen in Erdritzen,
unter Moos und Steinen und wohl auch in selbstgegrabenen Erdlöchern untergebracht und immer sehr sorg-
fältig versteckt. Die Jungen, die im August oder September zum Vorschein kommen, sind flink wie ihre
Eltern und beginnen sofort das gleiche Leben wie
diese.

Noch manches aus dem Leben der Eidechsen hätte
sich hier erzählen lassen; indes, lieber Leser, gehe selbst
hinaus und beobachte sie draussen, halte dir vielleicht auch
einige in einem geräumigen Terrarium und du wirst
Gefallen an ihnen finden, du musst sie lieb gewinnen
und wirst dann wohl auch dein Interesse und deine
Liebe jenen weniger schönen Vertretern aus den Klassen

der Kriechtiere und Lurche schenken! Und sie verdienen dein Interesse, deine Liebe wohl alle!

263

Die dritte Ordnung der Kriechtiere bilden die
Schildkröten, *Chelonia*, Tiere, deren breiter, scheiben-
förmiger Körper in ein festes Rücken- und Bauchschild,
mit Öffnungen nur für den Kopf, die Beine und den
Schwanz, eingeschlossen ist. Der Kopf ist in der Regel
kurz, eiförmig oder mehr eckig, Gaumen und Kiefer
sind im Gegensatz zu den Schlangen und Eidechsen
zahnlos, aber wie bei den Vögeln mit scharfen Horn-
scheiden überzogen, die Zunge ist dickfleischig und mit
weichen Warzen besetzt. Die Augen besitzen ein oberes
und unteres Lid und eine vom inneren Augenwinkel
nach vorn zu schiebende Nickhaut. Das Trommelfell
liegt frei zutage. Der verhältnismässig lange Hals
kann unter die Schale zurückgezogen werden und ist
mit einer faltigen Haut bedeckt, die sich beim Zurückziehen kapuzenartig über den Kopf schiebt. Der Schwanz
ist mehr oder weniger lang und spitz; an seiner Wurzel
liegt die Afteröffnung. Die Füsse besitzen 4 oder 5 Zehen,
die bis zu den Krallen entweder durch Schwimmhäute
verbunden oder untereinander verwachsen sind und dann
nur die Krallen freilassen. Die ersteren nennt man
Schwimmfüsse, die letzteren Klumpfüsse. Der knochige
Körperpanzer der Schildkröten ist mit einer in einigen
Fällen weich bleibenden, bei den europäischen Arten
aber verhornten Haut. dem sogenannten Schildpatt, überzogen, und hier in Form mehreckiger, ablösbarer Horn-
platten oder Schilder ausgebildet. Kopf, Hals, Beine und
Schwanz sind mit einer kräftigen, an ihrer Oberfläche rauhen,
vielfach schuppen- und schilderartig verdickten Haut bedeckt. Eine Häutung, wie bei den übrigen Kriechtieren
oder Lurchen, findet bei den Schildkröten nicht statt. —

Die Schildkröten leben teils im Wasser, teils ausschliesslich auf dem Lande; die im Wasser lebenden nähren sich von fast durchgängig tierischer, die das Land bevölkernden vorwiegend von pflanzlicher Kost. Die Fortpflanzung erfolgt durch Eier. Während der Begattung, die oft tagelang dauern kann, umklammern sich Männchen und Weibchen, die Bauchschalen gegeneinandergekehrt, oder aber es liegt dabei das Männchen auf dem Weibchen und wird von diesem mit umhergeschleppt. Die Eier sind mit einer harten, kalkigen oder pergamentartigen Hülle umgeben und werden vom Weibchen in feuchte Erde, Sand, unter Laub, Mulm u. dergl. abgelegt und bedürfen einer recht langen Nachreife. Die Jungen zersprengen die Eihülle mit Hilfe einer hornigen Erhebung an der Schnauzenspitze und besitzen bei ihrer Geburt noch sehr weiche, erst allmählich erhärtende Schalen. Ihr Wachstum ist ein überaus langsames, dafür aber können sie sehr alt werden; das Alter der Schildkröten im allgemeinen ist ein höheres als das aller anderen Wirbeltiere. Gegen Verwundungen, Nahrungsmangel, hohe Hitze usw. sind sie wenig empfindlich, dagegen um so mehr gegen niedere Temperatur, weshalb sie sich gleich den anderen Kriechtieren und Lurchen im Winter an frostfreie Orte zu einer Ruhepause zurückziehen.

Die Sinne der Schildkröten gehören nicht gerade zu den schlechtausgebildetsten und Gesicht und Gehör, Geschmack und Geruch erreichen bei ihnen immer eine gewisse Vollkommenheit. Dagegen sind die geistigen Fähigkeiten keine allzu hohen, aber immerhin bessere als von vielen Autoren angegeben wird. Interessant sind die Versuche, die R. M. YERKES über die Geistesfähigkeiten der Schildkröten angestellt hat. Er bediente sich dabei der nordamerikanischen Tropfenschildkröte, *Clemmys guttatus*, der die Aufgabe gestellt wurde, sich aus einer Art Labyrinth herauszufinden. Um dieses herzustellen, wurde ein Kasten durch zwei parallele Wände und eine nicht parallele Wand in vier Abschnitte geteilt: die einzelnen Abteilungen standen durch Öffnungen, die der Grösse der Schildkröte entsprachen, untereinander in Verbindung, doch lagen die Durchgänge nicht in einer geraden Linie, sondern der erste war in der Mitte der Scheidewand angebracht, der zweite an der rechten und der dritte an der linken Seite der betreffenden Scheidewand. An das vordere Ende des Kastens wurde das Lager der Schildkröte gebracht, und sie selbst in die entfernteste Abteilung des Labyrinthes gesetzt. Es wurde nun festgestellt, wieviel Zeit die Schildkröte bei den einzelnen Experimenten — jedesmal 50 — brauchte, um ihr Lager zu finden. Bei dem ersten Versuche irrte die Schildkröte lange im Raume umher und kam erst nach 35 Minuten im Lager an, in dem sie es sich sofort bequem machte. Man liess sie 2 Stunden liegen und nahm sie dann zu einem zweiten Versuch heraus. Bei diesen brauchte sie 15 Minuten bis zum Auffinden des Lagers, beim dritten 5 Minuten, beim zehnten 3 Minuten 5 Sekunden, beim zwanzigsten 3 Minuten 45 Sekunden und beim fünfzigsten 3 Minuten 30 Sekunden. Während die Schildkröte bei den ersten Versuchen immer Richtungsfehler machte und einer falschen Ecke zulief, kam vom 30. Experiment an überhaupt kein Irrtum mehr vor, das Tier lief in direkter Richtung nach dem Ausgang hin. Nachdem die Schildkröte so einen Anfang im Lernen gemacht hatte, wurde ihr eine schwierigere Aufgabe gestellt. Sie kam in ein unebenes Labyrinth, das mehr Kammern als das erste enthielt und in den Scheidewänden Öffnungen besass, die in eine Sackgasse führten. Auch dieser Aufgabe entledigte sich das Tier mit anerkennenswertem Eifer. Während es beim ersten Versuch 1 Stunde

31 Minuten bis zum Auffinden des Lagers nötig hatte,
hatte es dasselbe beim fünften bereits in 16 Minuten,
beim zehnten in 4 Minuten und beim fünfzigsten in
4 Minuten 10 Sekunden erreicht. Diese Versuche zeigen
aufs deutlichste, wie sich die Schildkröte früherer Irr-
tümer erinnerte und sie zu vermeiden suchte, und
sprechen bei der gewiss nicht leichten Aufgabe vom Vorhandensein einer gewissen Intelligenz bei diesen Tieren. —
In der Gefangenschaft lernen die Schildkröten ihre Pfleger
bald kennen und vermögen auch seine Stimme von der
anderer Personen zu unterscheiden, kommen auch auf
seinen Ruf herbei. DÜRIGEN teilt hierzu eine hoch-
interessante, ihm von dem verdienten PH. L. MARTIN
gemachte Beobachtung mit, die wert ist, auch hier
angefügt zu werden. „Schon von Anfang an zeigte das
kleinste von ihnen (zur Beobachtung standen fünf kleine,
kaum talergrosse Exemplare der europäischen Sumpfschildkröte) eine fast doppelt so grosse Lebendigkeit als
die anderen, denn während diese zunächst ruhig da-
lagen, spazierte die kleine immer munter umher. Natürlich musste mit dieser leiblichen Tätigkeit auch die
geistige Hand in Hand gehen, und so kam es denn,
dass dieser Gnom seine natürliche Scheu weit eher ab-
legte als die übrigen, und hierdurch wurde er zum be-
sonderen Liebling meiner Frau, die ihn täglich einigemal in die Hand nahm, mit ihm sprach und ihm schmei-
chelte, was er mit sichtlichem Wohlgefallen entgegen-
nahm. Gleich in den ersten Tagen dieser Bekanntschaft
erhielt dieser den Namen August und benahm sich von
dieser Zeit an auch höchst verständig, da er nicht mehr
wie seine dümmeren Geschwister bei jeder Berührung
Kopf und Füsse einzog, sondern sich fortan als un-
erschrockener Menschenfreund erwies, indem er das
Köpfchen recht klug nach allen Seiten zu wenden wusste.
Bevor einige Tage vergingen, war August sich seines

Namens schon bewusst. und wenn meine Frau an das
Terrarium tritt und alle fünf Schildkröten im Wasser
sind, so braucht sie nur einigemal seinen Namen zu
nennen, worauf er eilfertig den Tuffsteinfelsen erklettert
und zwar oft in solcher Hast, dass er dabei nicht selten
kopfüber stürzt und ebenso schnell wieder oben ist, wobei er förmlich bettelt, um herausgenommen zu werden.
Gerade diese Art bei einer Schildkröte ist um so be-
zeichnender, als sie nicht durch Leckereien und dergleichen anerzogen werden kann, weil ja bekanntlich
diese Tiere nur unter dem Wasser zu fressen vermögen,
mithin durchaus kein anderes Anlockungsmittel vorhanden sein kann, als eben das Umgangsbedürfnis mit
dem Menschen, was somit für eine ziemlich entwickelte
Seelentätigkeit dieser anscheinend so unbehilflichen Tiere
spricht. Seit kurzer Zeit, d. h. seitdem die Schildkröten
fast zwei Jahre in unserem Besitz sind, hat nun aber
auch eine zweite, bedeutend grössere angefangen, dem
Ruf nach „August" Folge zu leisten, und so kommen
denn zwei derselben an, sobald dieses Signal ertönt, das
jedoch, von anderen Lippen ausgesprochen, keine Wirkung auf sie ausübte. Leider erlaubt es unsere viel-
seitige Tätigkeit nicht, uns oft mit diesen wirklich
klugen Tieren befassen zu können, denen gewiss noch
manche interessante Seite abzugewinnen wäre."

263

Die Schildkröten sind in Deutschland durch die
Familie der Sumpfschildkröten, *Emydae*, vertreten.
Die einzige deutsche Gattung derselben, *Emys*, besitzt
eine flach gewölbte, ovale Rückenschale, die aus 13 Mittel-
oder Scheitelschildern und, diese kranzförmig um-
schliessend, einem Nackenschild, 11 Paar Rand- und
1 Paar Schwanzschildern besteht. Das Bauchschild zerfällt in ein vorderes kleineres und in ein hinteres grösseres

Querstück, von denen jedes 3 Paar Schilder enthält. Hals und Beine sind oberseits mit grösseren und kleineren flachen Oberhautgebilden, der Schwanz mit reihenförmig gestellten Schildchen besetzt. Die einzige deutsche Art der Gattung *Emys* ist die Europäische Sumpfschildkröte.

Die Europäische Sumpfschildkröte, *Emys europaea (Schneider)*, kennen die meisten unserer Landsleute wohl nur aus Büchern und Terrarien, und die Zahl derer, die sie auch freilebend beobachten durften, wird verschwindend klein sein. Denn abgesehen davon, dass sie — die über das ganze südliche Europa und einem Teil Nordafrikas bis ins westliche Asien hinein verbreitet ist — bei uns in Deutschland nur noch an wenigen Orten zu finden ist — Gebiete ihres Vorkommens sind hier die Weichsel- und Oderniederung nebst einigen benachbarten Lokalitäten —, führt sie eine so versteckte Lebensweise, dass sie selbst an ihren Standorten nicht jedermann zu Gesichte kommt.

Sie wählt zu ihren Aufenthaltsorten Teiche, Seen, Sümpfe und langsam fliessende Gewässer mit schlammigem Grunde, hält sich tagsüber gewöhnlich im Wasser auf und verlässt dasselbe erst in den Abend- und Nachtstunden. Nur hin und wieder trifft man sie auch einmal, in der Regel um die warme Mittagszeit, sich sonnend ausserhalb des Wassers an, in das sie aber bei dem kleinsten Geräusch, der geringsten Beunruhigung sofort verschwindet. Das Wasser ist ihr Element, sie ist eine vorzügliche Schwimmerin und liegt oft ruhig, wie schlafend, an der Oberfläche des Wasserspiegels, um beim Nahen des Menschen oder eines grösseren Tieres mit abwärts gerichtetem Kopfe sofort dem Grunde zuzustreben und sich hier entweder rasch weiterzube-

wegen oder in den Schlamm einzuwühlen. Aber auch
am Lande ist sie nicht ungeschickt und ersteigt mit
ziemlicher Gewandtheit selbst steile und felsige Ufer.
Fällt sie dabei herab — bei ihrer Hast übrigens nichts
seltenes — so versucht sie mit grosser Beharrlichkeit
ihr Glück immer wieder von neuem.

Ihre Nahrung besteht vorzugsweise in Wassertieren.
Insekten, Schnecken. Frösche, Molche, Fische weiss sie
gewandt zu verfolgen und zu erhaschen, Laich von
Fischen und Amphibien zu schätzen. Grössere Fische
erfasst sie am Bauche und reisst ihnen ein Stück Fleisch
heraus, um sie dann — verendet — nach dem Boden
zu ziehen und bis auf die Gräten zu verzehren. Die
Blase der Fische bleibt dabei fast immer unverletzt
und steigt an die Oberfläche, so dass sie leicht zum
Verräter des Vorhandenseins der Schildkröte wird.
Tiere, die die Schildkröte am Lande erhascht, schleppt
sie ins Wasser, da sie ausserhalb desselben nichts zu
verzehren vermag. Hin und wieder geht sie auch
Wasserpflanzen an und es scheint, als ob sie zeitweilig
vegetabilische Kost zur Beförderung ihrer Verdauung
nötig hat.

Ihren Winterschlaf, den sie tief im Schlamme oder
im Boden eingewühlt verbringt, beginnt sie, da sie
gegen Kälte sehr empfindlich ist, bereits früh im
Herbste und beendet ihn selten erst vor dem Mai.
Sofort nach Beendigung der Winterruhe schreiten
die Tiere (im Wasser) zur Paarung. Das Weibchen legt bald darauf an einer trockenen Uferstelle
gegen 10 Eier ab, die anfangs noch sehr weich sind,
aber bald erhärten. Für die Eier bohrt das Tier anfangs
mit Hilfe seines steifen Schwanzes, ein Loch, das es später
mit den Hinterfüssen auf etwa 5 cm im Umfang erweitert.
Sobald die Eier die Kloake verlassen, fängt die Schildkröte sie einzeln, abwechselnd bald mit dem rechten,

Emys europaea (Schneider), Europäische Sumpfschildkröte
Junges Terrarientier, im Freien photographiert

bald mit dem linken Hinterfuss auf und lässt sie behutsam in das Loch gleiten, das sie nach Beendigung
des Legegeschäftes wieder mit Erde zufüllt, die letztere
aber mit den Füssen und dem harten Bauchschild fest-
stampft. Nach etwa drei Monaten schlüpfen die gegen
Witterungseinflüsse sehr empfindlichen Jungen aus. Sie
suchen sofort das Wasser auf und tun es hier in ihrer
Lebensweise ganz den Eltern nach.

Gegenüber ihren Verwandten aus den tropischen
Ländern, von denen manche über 2 m lang und über
10 Zentner schwer werden können, sind unsere Schild-
kröten recht zwerghafte Tiere. Denn sie erreichen
eine Schalenlänge von höchstens 20 bis 25 cm und eine
Körperlänge, von der Schnauze bis zur Spitze des
Schwanzes gemessen, von 30 bis 40 cm. Die in unserem
Vaterlande beheimateten bleiben aber wohl sämtlich

noch hinter dieser Grösse zurück. Die Schale bei den
eben ausgekrochenen Tieren ist noch sehr weich, rundlich und flach, sie erhärtet langsam und wölbt sich dabei mehr und mehr, bis sie die eiförmig-elliptische Gestalt der älteren Tiere erreicht hat. Der Kopf ist etwa
vierseitig-pyramidenförmig mit kurz zugespitzter, vorn
etwas abgerundeter Schnauze. Die vorderen Gliedmassen besitzen tafelartige in Querreihen stehende
Schuppen, die Zehen sind bis zu den Krallen durch
Schwimmhäute verbunden, die Krallen selbst verhältnismässig kurz und schwach gekrümmt. Der Schwanz ist
etwa halb so lang wie die Bauchschale, mit unregel-
mässig-viereckigen Schuppen besetzt und verläuft, kegelförmig dünner werdend, in die Spitze. Die Rückenschale ist schwärzlich oder bräunlich, bei jüngeren
Tieren schmutzig olivengrün gefärbt und mit gelben
Strichen oder Punkten, die vom Mittelpunkt der Schilder
fächerförmig auseinandergehen, gezeichnet. Oft ver-
drängt auch die hellere Zeichnungsfarbe die dunklere
Grundfarbe. Die Bauchschale ist auf schwärzlichem,
bräunlichem oder helleren gelblichem Grunde heller
oder dunkler gefleckt oder fast einfarbig. Die Farbe
der unbedeckten Körperteile ist eine grünlichschwärz-
liche bis bräunliche und wird oft von helleren, gelblichen Streifen und Flecken unterbrochen.

Mit der Behandlung der Sumpfschildkröte haben
wir die Kriechtiere beendet und wenden uns daher nun-
mehr der Klasse der Lurche zu.

Die Lurche oder Amphibien zeigen weder in
Grösse und Gestalt jene Abwechselung, wie wir sie bei
den Kriechtieren kennen gelernt haben. Denn sie um-

fassen bei uns durchgängig kleinere Tiere, die auch in ihren tropischen Arten nicht einmal annähernd die Grösse gewisser Kriechtiere erreichen und lassen sich hinsichtlich der Gestalt auf nur zwei Grundformen: eine kurzgedrungene breite, in ausgewachsenem Zustande schwanzlose bei den Froschlurchen und eine gestreckte walzige, eidechsenähnliche und mit einem Schwanz versehene bei den Schwanzlurchen zurückführen. Eine dritte, gliederlose, an die Schleichen gemahnende Form, die der Blindwühlen, kommt für Deutschland nicht in Betracht. Im Gegensatz zu den Kriechtieren sind die Lurche mit einer weichen, nackten Haut bedeckt, die bald völlig glatt, bald rauh und mit Drüsen besetzt ist und sich fast immer feucht und schleimig anfühlt. Sie besteht gleichfalls aus einer Unter- und Oberhaut, verhornt und verdickt sich aber nicht wie bei den Kriechtieren vollständig, sondern nur bei einigen Arten an gewissen Stellen des Körpers, z. B. an den Füssen bei einigen grabenden und kletternden Kröten, auf dem Rücken in Form horniger Höcker bei unserer Erdkröte usw. Wichtig und für die Unterscheidung der Arten namentlich von Wert sind derartige Hautverdickungen, die höckerartig auf der Innenseite der Füsse auftreten. Wir kommen später bei Behandlung der einzelnen Familien und Arten auf diese Höcker noch zurück. Zu den Hautgebilden zählen weiter auch die Schwimmhäute zwischen den Zehen und schliesslich jene Flossensäume des Rückens, die bei den männlichen Wassermolchen oder Tritonen — der letztere schöne Ausdruck sollte an Stelle des ersteren wenigstens wieder einmal allgemeinen Eingang finden! — namentlich zur Paarungszeit so auffallend hervortreten. Die Haut der Lurche ist mit zahlreichen Drüsen besetzt, die sich vielfach zu warzigen Gebilden vereinigen und aus denen die Tiere ein Sekret von klebriger Beschaffenheit und ätzender Schärfe absondern, das z. T. wohl die Haut vor Ausdünstung und Austrocknung zu schützen bestimmt ist, zur Unterstützung des Kletterns dienen mag (Laubfrosch usw.), aber auch ein vorzügliches Verteidigungsmittel gegen Feinde bildet. Denn es vermag, in den Magen eingeführt und unter die Haut gespritzt, bei kleineren und selbst naheverwandten Tieren Vergiftungserscheinungen mit tödlichem Ausgange hervorzurufen, während es auf der menschlichen Haut, namentlich der Schleimhaut, leicht die Ursache von Entzündungserscheinungen, allerdings nur leichter Natur, werden kann. Dieses Sekret können die Tiere ganz willkürlich absondern. In der Gefahr und besonders wenn ein Lurch ergriffen worden ist, fliesst es reichlicher und oft in solchen Mengen, dass es das ganze Tier in Form einer weisslichen Schleimschicht bedeckt. Viele Tiere wird dieses Sekret auch abschrecken — ich habe beispielsweise oft Hunde beobachtet, die einen mit dem Maule ergriffenen Lurch (Kröte, Feuersalamander) unter deutlichen Zeichen des Abscheues wieder fahren liessen —, bei vielen aber wieder versagt es und namentlich den Menschen gegenüber ist es recht harmloser Natur. „Es wäre töricht, ja vermessen, wollte man daher die ihrer Lebensweise nach so nützlichen Kröten, Salamander und verwandte Sippe auf eine Stufe stellen mit den alsbald zum Biss bereiten, ungereizt angreifenden und deshalb höchst gefährlichen, unbedingt zu vertilgenden Giftschlangen“ (DÜRIGEN). — Die Oberhaut wird auch bei den Lurchen von Zeit zu Zeit abgestossen. Leicht erfolgt die Häutung bei den Tritonen, bei denen das Wasser den Häutungsprozess unterstützt, schwieriger dagegen bei den Kröten und Fröschen, denen die Häutung eine gewisse Anstrengung verursacht und die oft mit dem Maul die Hautfetzen abreissen und verspeisen.

Ein überaus wirksames Schutzmittel besitzen die meisten Lurche in der mit ihren Aufenthaltsorten übereinstimmenden Hautfarbe, die sie von ihrer Umgebung meist weit weniger abheben lässt, als die Kriechtiere. Dazu sind sie vielfach in der Lage, ihre Farbe unter veränderten Aufenthalts- und anderen Bedingungen zu ändern, indem durch äussere Reize und Einflüsse des Nervensystems die Farb- und Pigmentzellen der Haut sich zusammenziehen oder ausdehnen, höher gegen die Oberfläche steigen oder in die tieferen Partien sich zurückziehen.

Die Sinne der Lurche sind wenig entwickelt und auch die geistigen Fähigkeiten stehen auf keiner besonders hohen Stufe. Die Atmung ist dem Doppelleben der Tiere angepasst; sie vollzieht sich im Jugend- oder Larvenzustand ausschliesslich durch Kiemen, später aber durch Lungen. Bei einigen wenigen, für uns aber nicht in Betracht kommenden Arten bleiben neben den Lungen auch die Kiemen bestehen.

Den Froschlurchen ist eine Stimme eigen, die bei den männlichen Tieren oft durch die mit der Mundhöhle in Verbindung stehenden, als Resonanzhöhlen wirkenden Stimmsäcke oder Schallblasen sehr laut und weithinschallend werden kann. Die Stimme ist beim Männchen, die von ihr zur Fortpflanzungszeit besonders ausgiebigen und unermüdlichen Gebrauch machen, am entwickeltsten, dem Weibchen fehlt sie mitunter ganz. Die Schwanzlurche dagegen können höchstens einen quietschenden oder piependen Ton von sich geben.

Die Fortpflanzungsgeschichte ist bei weitem das interessanteste Kapitel im Leben der Lurche und durch ihr Studium geeignet, dem Naturfreunde gerade diese Tiere zu ganz besonders anziehenden zu gestalten.

Die Begattung der Lurche erfolgt mit einigen wenigen Ausnahmen ausschliesslich im Wasser, die Be-

fruchtung ist eine äussere und nur bei den Schwanzlurchen eine innere, aber — da das Weibchen die vom
Männchen austretenden Samenfäden selbst in die Kloake
einführt — eine ohne direktes Zutun des letzteren
erfolgende. KNAUER gibt uns hübsche Schilderungen
der Paarungsvorgänge; er schreibt: „Wer sich durch
die Ende März oder anfangs April allerorts noch herr-
schende Feuchtigkeit nicht abhalten lässt, den in der
Nähe befindlichen Teichen und Sümpfen einen Besuch
abzustatten, kann um diese Zeit die Fortpflanzung des
Taufrosches und der Erdkröte in ihrem Verlauf genau
verfolgen; er findet um diese Zeit die Ufer der kleinsten
Tümpel mit Scharen in Paarung begriffener Erdkröten
und Taufrösche umlagert. Tagelang sitzt das Männchen
mit trüben, verglasten Augen auf dem Rücken des
Weibchens, die Vorderfüsse unter dessen Achseln durch
tief eingepresst, den Kopf fest an das Genick des Weibchens gedrückt. Der geringste Versuch des Weibchens,
sich über Wasser zu erheben, oder der störende Ein-
griff einer anderen männlichen Kröte lässt das Männchen in hörbarer Erregtheit rasch nacheinander heulende
Töne ausstossen; mit dem Aufgebote aller Kraft wird
das Weibchen wieder unter Wasser gedrückt und der
Störenfried mit den Hinterfüssen weggestossen. Während
der ganzen Zeit bleibt das Weibchen anscheinend ruhig,
fügt sich mit ersichtlichem Gleichmut in die ihm vom
Männchen bereitete Zwangslage, lässt keine sich bietende
Gelegenheit, etwas zu erbeuten, unbenützt, sieht den
sich nähernden Beobachter sofort und sucht zu ent-
kommen, während das Männchen für seine ganze Umgebung blind zu sein scheint, weder an Nahrung denkt,
wenn sich solche bietet, noch zu fliehen sucht, wenn
man herantritt. Versucht man, das Weibchen vom
Männchen zu trennen, so setzt das Männchen einem
solchen Versuche allen Widerstand entgegen; an den

Hinterfüssen in die Höhe gehalten, presst das Männchen
die Vorderbeine nur um so tiefer in den Leib des
Weibchens und hält dieses mit aller Kraft fest, obschon
das Weibchen weit grösser und um die Eierlast um so
gewichtiger ist. Gewaltsam von dem Weibchen gerissen
und wieder freigelassen, springt es sofort wieder auf
den Rücken des Weibchens. Gelingt es einem Männchen nicht, ein lediges Weibchen zu finden, so setzt es
sich an einem schon von einem andern Männchen be-
setzten Weibchen fest; man kann da von fünf und
mehr Männchen besetzte Weibchen aus dem Wasser
fischen, auf deren Rücken ein Männchen Platz gefunden
hat, während die übrigen an den Füssen des Weibchens
sich festklammern; eine solche Gruppe . kann noch
weiteren Zuwachs erhalten, indem Taufrösche, in Er-
mangelung eines Weibchens eigener Art, an eines der
Männchen sich anklammern. Es scheinen auch an der
Befruchtung der abgehenden Eier zuweilen mehrere
Männchen teilzunehmen. Wie stürmisch und erregt
sich der Paarungstrieb der Froschlurchmännchen äussert,
wird durch die wiederholt beobachtete Tatsache illustriert,
dass nicht nur Männchen von anderen Männchen gleicher
oder anderer Art umarmt werden, sondern solche
paarungslustige Männchen selbst Fische, ja Holzstücke
und andere tote Gegenstände umklammern und umge-
kommene Weibchen noch tagelang von den Männchen
festgehalten werden. Ein Taufroschmännchen, das ich
heuer am 31. März aus dem Wasser fischte, hielt in
verkehrter Stellung ein totes Weibchen umarmt und
liess dasselbe erst nach zwei Tagen los." Und weiter:
„Ohne solche derbe Gewalttätigkeiten seitens der Männchen vollzieht sich die Paarung bei den Tritonen, bei
welchen es auch, da die Männchen bei der Abgabe
der Eier nicht zugegen sind, zu einer inneren
Befruchtung kommt. Den Hochzeitskamm, der bei

einigen Arten zur Laichzeit sehr stark entwickelt erscheint, hoch aufrichtend, umschwimmen die Männchen
die Weibchen, stossen, wie aufmunternd, ihren Kopf
an den der ziemlich ruhig verharrenden Weibchen und
führen dabei mit dem nach der Kloakenseite hin um-
gebogenen Schwanze schlängelnde Bewegungen aus und
schlagen mit der Schwanzspitze nacheinander rasch
gegen die Kloake. Dieses Umtänzeln der Weibchen
währt mehrere Tage, ehe es zur Befruchtung der Eier
derart kommt, dass das Männchen von Zeit zu Zeit die
Samen enthaltenden Gallertmassen (Spermatozoen) ab-
gibt, die Weibchen, wenn sie über diese Gallertmassen
hinwegschreiten, mit den an der Spitze des glocken-
förmigen Samenträgers lose anhaftenden Samen in Berührung kommen, wobei die Samenmasse an der Kloaken-
wulst der Weibchen haften bleibt und in die Kloaken-
spalte eindringt."

Die Eier oder der Laich werden grösstenteils im
Wasser abgelegt, die dabei zu beobachtenden Ver-
schiedenheiten zwischen den einzelnen Arten werden
wir später noch bei der Betrachtung dieser selbst kennen
lernen. Beim Durchgleiten durch den langen Eileiter
werden sie mit einer durchsichtigen, gallertartigen
Masse umgeben, die bei einigen Arten fester wird,
bei den meisten Froschlurchen aber im Wasser bedeutend aufquillt und jene grossen Klumpen bildet,
die wir im Frühjahr in Wassergräben, Teichen, Tümpeln
u. a. Gewässern mehr antreffen können. Die Entwicklung der Larven im Ei geht meistens ziemlich rasch von
statten. Schon wenige Tage, aber auch in ebenso vielen
Wochen nach dem Ablegen des Laiches können diese
ihm entschlüpfen. Sie sind von länglicher Gestalt, entbehren noch aller Gliedmassen und atmen durch Kiemen,
die in Form kleiner Blättchen und Büschel am Halse
entspringen, bei den Froschlurchen aber bald wieder ver-

schwinden und durch innere Kiemen ersetzt werden.
Die Fortbewegung der Larven oder der Kaulquappen,
wie sie im allgemeinen genannt werden, erfolgt durch
den mit einem hohen Flossensaum versehenen Ruderschwanz. Im Verlaufe ihrer Entwicklung machen die
Larven Umwandlungen durch, bei denen allmählich die
Gliedmassen sich bilden, die Kiemen verschwinden,
bei den Froschlurchen auch der Schwanz einschrumpft,
bis sie endlich die Gestalt der Eltern erlangt haben
und in der Regel dann auch das Wasser, in dem sich
ihre Entwicklung fast ausschliesslich vollzieht, verlassen. Beim Feuersalamander werden die Larven
lebendig geboren und ins Wasser abgesetzt, beim
Alpensalamander, der dadurch eine Ausnahmestellung
unter allen seinen Gattungsgenossen einnimmt, kommen die Jungen sogar bereits völlig entwickelt
zur Welt. — In der Regel dauert der Larvenzustand der Lurche drei Monate, jedoch kann derselbe
durch abnorme Witterungs- und andere Verhältnisse
auch etwas abgekürzt oder verlängert werden. Ja, es
kann sich sogar ereignen, dass ein Lurch infolge unge-
wöhnlicher Umstände ein oder auch mehrere Jahre in
seinem Larvenzustande verharrt — solche Fälle sind
namentlich von unseren Fröschen, besonders dem
braunen Grasfrosch, der Geburtshelferkröte, der Knoblauchskröte, den echten Kröten und den Molchen bekannt geworden — oder dass er Organe des Larven-
lebens mit in das Landleben hinüber nimmt. Man hat
für diese Erscheinungen, auf die wir, so interessant sie
auch sind, hier nicht näher eingehen können, den Ausdruck Neotonie.

Wie wir schon hörten, zerfallen die Lurche in die
Frosch- und in die Schwanzlurche.

Die ersteren sind breite, gedrungene, ungeschwänzte
Tiere mit stets wohlausgebildeten, zum Gehen, Klettern,
Springen und Schwimmen eingerichteten Gliedmassen.
Ihr Kopf ist stets kurz, flach und breit und geht ohne
jede halsartige Verengung aus dem Rumpfe hervor, das
Maul ist breit und bis unter die Augen gespalten. Die
Zunge ist stets vorn festgewachsen, hinten dagegen frei
und kann herausgeklappt werden; sie ist ganzrandig,
abgerundet oder ausgebuchtet und in letzterem Falle
zweilappig oder herzförmig. Die Augen sind gross und
vorstehend, mit längsgespaltenen Lidern ausgerüstet, die
Pupille ist bald länglich, bald horizontal verlängert oder
senkrecht gespalten, die Iris stets metallisch glänzend.
Die Froschlurche besitzen bald deutlich ausgebildete Ohrdrüsen, bald fehlen ihnen diese, während das Trommelfell entweder äusserlich sichtbar ist oder unter der Haut
verborgen liegt. Bei den Männchen sind vielfach innere
oder äussere, einfache oder doppelte Schallblasen an
der Kehle oder an den Seiten des Kopfes vorhanden,
durch die ihre Stimme eine bedeutende Verstärkung
erfährt. Die Haut ist glatt oder mit Drüsen, Warzen
und Höckern besetzt. Die Beine sind kräftig; die vorderen nach einwärts gebogen und mit vier meist freien
Zehen ausgerüstet. Sie stehen an Grösse immer den
mitunter eine recht bedeutende Länge erreichenden
Hinterbeinen nach, die meistens fünf ungleich grosse,
in der Regel durch Schwimmhäute verbundene Zehen
besitzen. Auf dem nach aussen gerichteten Teil der
Fussflächen der Hinterbeine ist fast immer ein höcker-
artiger Auswuchs (der sogenannte Fersenhöcker) vorhanden, der — wie wir schon früher hörten — für die Be-
stimmung der Arten von Wichtigkeit ist. Die Vorderbeine
der Männchen sind zur Paarungszeit mit hornigen, oft dunkel
gefärbten Schwielen versehen, mit deren Hilfe sie sich während des Begattungsaktes an das Weibchen anklammern. —

Die Froschlurche sind mit Ausnahme der kalten
Zonen über die ganze Erde verbreitet und geben in der
Regel dem Flachlande den Vorzug vor dem Gebirge.
Sie leben teils im Wasser, teils auf dem Lande und bevorzugen fast immer die Nähe stehender und fliessender
Gewässer. Einige Arten sind vorzügliche Kletterer und
halten sich vorwiegend auf Bäumen und Sträuchern auf
(wie z. B. in Deutschland der Laubfrosch). Manche sind
Tagetiere, manche Dämmerungs- und Nachttiere, andere
wieder trifft man sowohl tagsüber wie auch des Nachts
im Freien an. Die Nahrung der überaus gefrässigen Froschlurche besteht in allerhand Würmern, Nacktschnecken,
Insekten und deren Larven, seltener in Fischen und
deren Laich, kleineren Tieren ihrer Art und deren
Larven und Laich, kleineren Reptilien u. a. m. Einige
bei uns nicht vertretene Arten (ausgenommen der
Seefrosch) wagen sich sogar an Vögel und kleinere
Säuger.

Sie sind fast durchweg sehr nützliche Geschöpfe
und bedürfen daher sehr unserer Schonung. Schädlich
werden nur einige grössere, ausserdeutsche Arten und
bei uns, freilich in verschwindend kleinem, praktisch gar
nicht in Frage kommenden Massstabe einmal die echten
Frösche durch ihr Vertilgen von kleinen Fischen und
Fischlaich.

Man teilt die Froschlurche in die Familie der
Echten Frösche, *Ranidae*, der Kröten, *Bufonidae*, der
Baumfrösche, *Hylidae*, der Froschkröten, *Pelobatidae*,
und der Scheibenzüngler, *Discoglossidae*, ein. Die
Familie der echten Frösche umfasst eine Gattung von
zwei Gruppen mit vier Arten, die der Kröten eine
Gattung mit drei Arten, die der Baumfrösche und der
Froschkröten je eine Gattung mit einer Art und die

der Scheibenzüngler zwei Gattungen mit einer bezw.
zwei Arten.

Der Körper der Echten Frösche, *Ranidae*, ist im
Verhältnis zu denjenigen der Kröten schlank und gestreckt, die Haut glatt und nur stellenweise höckerig; die
Hinterbeine sind stets bedeutend länger als die vorderen,
die Zehen an den Vorderfüssen frei, an den Hinterbeinen
aber am Grunde durch Schwimmhäute verbunden. Die
Pupille ist rundlich, die Ohrdrüsen fehlen.

Sie sind in Deutschland durch die Gattung *Rana*
vertreten, die in die beiden Gruppen der Grünen
oder Wasserfrösche, *Ranae virides*, und der Braunen
oder Grasfrösche, *Ranae fuscae*, zerfällt. Die ersteren
besitzen eine Art, nämlich den Wasserfrosch, *Rana
esculenta*, die letzteren aber drei, und zwar den Grasfrosch, *Rana muta*, den Moorfrosch, *Rana arvalis*, und
den Springfrosch, *Rana agilis*.

Die Vertreter der Gattung *Rana* sind durchweg
schlankgebaute Tiere mit nach hinten sich etwas ver-
engerndem Körper und kräftigen, ziemlich langen Hinterbeinen, die sie zu grossen und weiten Sprüngen befähigen.
Zwischen dem Rücken und den Flanken befindet sich
jederseits eine stark hervortretende Längsdrüsenwulst.
Die Augen sind gross, die Pupillen eiförmig und wage-
recht stehend. Das Trommelfell ist freiliegend und immer
deutlich sichtbar. Die längliche und breite Zunge ist
hinten tief ausgerundet und erscheint dadurch zweihörnig.
Die Zehen, von denen die der Vorderfüsse vollkommen
frei, die der Hinterfüsse dagegen durch Schwimmhäute
verbunden sind, besitzen an ihren Gelenken deutliche
Anschwellungen, die sogenannten Gelenkhöcker, die

Hinterfüsse aber ausserdem noch einen weiteren, grossen, länglichen, schwielenartigen Höcker an der Wurzel der inneren Zehe, den sogenannten Fersenhöcker. Äussere Schallblasen sind nur den männlichen Teichfröschen eigen.

Bei der Paarung der Frösche wird das Weibchen immer von den auf seinem Rücken sitzenden Männchen mit den Vorderbeinen unter den Achseln erfasst, so dass die Hände des Männchens sich auf der Brustmitte nähern und berühren. In dieser Stellung harren die Tiere tage-, ja oft wochenlang aus; über ihr näheres Verhalten dabei haben wir früher schon etliches gehört. Die Begattung erfolgt immer und ausschliesslich im Wasser, der Laich bildet stets grosse, umfangreiche Klumpen.

Die Raniden umfassen zwei leicht voneinander zu unterscheidende Gruppen, nämlich die das Wasser bewohnenden grünen Wasserfrösche und die nur während der Paarungszeit im Wasser sich aufhaltenden, sonst aber das Land bevölkernden braunen Landfrösche. Die ersteren sind von grüner bis grünlicher, oft ins bronzene, braune und blaue spielender Rückenfarbe und fast immer mit einem hellen, gelblichen Streifen längs des Rückgrates und helleren Seitenwülsten gezeichnet und auf dem Rücken meistens etwas schwarz gepunktet und getüpfelt, die Oberschenkel der Hinterbacken sind stets schwarz und gelblich marmoriert, die Unterseite ist einfarbig hell weisslich oder gelblich gefärbt, zuweilen grau oder rötlich angeflogen oder grau gefleckt und getüpfelt. Die Grasfrösche dagegen sind auf dem Rücken stets braun in zahlreichen Abtönungen vom hellen Grau- und Gelbbraun bis zu einem dunkleren, düsteren Braun, niemals aber grün gefärbt und daneben zuweilen mit dunklen bis schwarzen Flecken gezeichnet. Alle Arten der braunen Frösche besitzen ferner einen grossen nach hinten spitz ausgezogenen, dunklen Ohrfleck zwischen den Augen und Schultern. Während weiter bei den Wasserfröschen die Zehen der Hinterfüsse mit vollkommenen, d. h. von einer Spitze der Zehen zur anderen reichenden Schwimmhäuten verbunden sind, sind die Schwimmhäute der Landfrösche unvollkommen, reichen also nicht bis an die Zehenspitzen heran. Der Kopf der Grünen Frösche ist ausserdem auch etwas schmäler als der der Braunen Frösche.

Die Grünen oder Wasserfrösche sind in unserem Vaterlande durch den Wasser- oder Teichfrosch, *Rana esculenta, L.*, vertreten, dem sich noch eine Unterart, der Seefrosch, *var. ridibunda*, angliedert.

Der Wasserfrosch ist der grösste unserer heimischen Raniden; er wird — von der Schnauzenspitze bis zum After gemessen — im allgemeinen 7 bis 8 cm lang, erreicht aber in seiner eben genannten Varietät *ridibunda* eine Grösse von 10 bis 12, ja sogar bis 15 cm und vermag bis zu 1 Pfund schwer zu werden. Sein Körper ist schlank und gestreckt, im hinteren Teile ziemlich jäh abfallend. Der Kopf ist so breit als lang, abgeplattet, dreieckig, fällt nach den Seiten steil ab und verläuft in die verlängerte, vorn spitz abgerundete und etwas gewölbte Schnauze. Die Vorderbeine reichen, nach vorn gelegt, mit der Wurzel der ersten Zehe bis zur Schnauzenspitze, die Hinterbeine, fast dreimal so lang als die vorderen, gehen noch über die Schnauzenspitze hinaus. Die Farbe und Zeichnung haben wir bereits kennen gelernt

Das Männchen zeichnet sich dem Weibchen gegenüber durch seine Stimmsäcke aus, die in luftgefülltem Zustande als zwei milchweisse bis graue, erbsen- bis kirschgrosse kugelige Blasen hinter dem Mundwinkel hervortreten. Dann sind die Vorderbeine des Männchens,

Rana esculenta, L., Teichfrosch im Ufergrase

das überdies kleiner als das Weibchen ist, kräftiger gebaut als die etwas schlankeren Gliedmassen des letzteren.

Die Varietät *ridibunda* ist, wie schon oben erwähnt, grösser als die Stammform und von dieser ausserdem leicht durch den Fersenhöcker zu unterscheiden. Denn während dieser bei der Stammform $^1/_2$—$^2/_3$ so lang als die innere Zehe, stark, seitlich zusammengedrückt und scharfkantig ausgebildet und von halbmondförmiger Gestalt ist, ist der des Seefrosches kleiner, etwa $^1/_4$—$^1/_3$ so lang als die vom Fersenhöcker abgemessene Innenzehe; er besitzt hier eine elliptische Gestalt und ragt schwach wulstartig hervor, erscheint nicht wie dort seitlich zusammengedrückt und ist ziemlich weich.

Die Wasserfrösche sind überaus lebhafte Tiere und bewohnen unsere Seen, Sümpfe, Teiche, Lachen und Wassergräben. Hier trifft man sie, wenn sie nicht zur Paarungszeit ausschliesslich im Wasser verweilen, tagsüber am Ufer im Grase sitzend oder auf allerhand

kleines Getier (Insekten, Würmer, Schnecken) Jagd
machend an. Freilich wird man ihrer infolge der, der
Pflanzenwelt des Ufers so täuschend angepassten Farbe
und Zeichnung erst gewahr, wenn sie beim Nahen des
Menschen eiligst flüchten und in gewaltigen Sätzen ihrem
Element, dem Wasser, zustreben, wo sie bald am Grunde
oder zwischen Wasserpflanzen dem Auge entschwinden.
Im Wasser selbst stellen die Teichfrösche, überaus ge-
frässige und in hohem Masse raubgierige Tiere, wohl
auch Molchen und deren Larven, hin und wieder Fischen
und selbst kleineren Tieren der eigenen Art nach, bevorzugen aber stets doch die der Fischzucht ver-
derblichen Insekten und deren Larven. Der Seefrosch
geht sogar an kleinere Reptilien heran und soll selbst
einmal einen jungen Vogel, ein kleines Säugetier als
keine unwillkommene Beute betrachten. Während des
Winters graben sich die Teichfrösche in den Schlamm
der Gewässer ein, niemals aber so fest, als dass sie nicht
einmal an einem warmen Tage ihr Wesen treiben könnten.
Sie verschreiten trotzdem ziemlich spät, erst im Mai, zur
Paarung. Zur Zeit derselben wird die Stimme der
Männchen ganz besonders kräftig und an warmen Abenden
kann man an Teichen und Seen die bekannten weithin-
schallenden, ohrenbetäubenden Chorgesänge, angestimmt
von Hunderten der liebesfrohen Raniden, vernehmen.
Die Vorgänge während der Begattung brauchen wir hier
nicht nochmals zu schildern, sie ergeben sich aus unseren
früheren Darlegungen. Der Laich wird vom Weibchen
stossweise, mehr nach der Mitte der Gewässer zu, in
kleineren Portionen abgegeben, vom Männchen sofort
befruchtet und sinkt danach zu Boden. Die Eier sind
klein, kleiner beispielsweise noch als beim Laubfrosch und
sehen oben bräunlich, unten gelb aus. Die Larven verlassen die Eihülle bereits nach Wochenfrist, messen anfangs 6 bis 7 mm und wachsen allmählich zu einer Länge

von 5, ja bis zu 7 und 8 cm heran. Ihre Farbe ist anfangs ein Graugelb und geht allmählich in ein dunkles Olivenbraun über, das nach dem Erscheinen der Beine einem Grün und der sich bildenden Zeichnung des Frosches selbst weicht.

Die Verbreitung des Teichfrosches erstreckt sich nicht nur über das gesamte Europa von Südschweden und Russland bis nach Portugal und den Mittelmeerländern, sondern sie umfasst auch Nordafrika und das mittlere Asien ostwärts bis nach China und Japan. In Deutschland bewohnt er das Tiefland und geht in das Gebirge nur bis in die mittleren Lagen hinauf, fehlt aber auch hier oft. Der Seefrosch scheint mehr dem östlichen und nördlichen Deutschland anzugehören. Im mittleren Teile wird er selten und kommt im Süden anscheinend überhaupt nicht vor. Er stellt eine mehr östliche Form dar, für die der Rhein die westliche Grenze der Verbreitung bildet.

Die Braunen oder Landfrösche, *Ranae fuscae*, umfassen bei uns drei Arten, die der Kenner zwar sofort auseinanderhält, deren Unterscheidung aber für den Anfänger dagegen nicht immer gleich leicht ist. Ihre Kennzeichen gegenüber den Wasserfröschen haben wir früher schon kennen gelernt, so dass wir uns hier auf das Hervorheben der Unterschiede der drei Arten untereinander beschränken können.

Der Gras- oder Taufrosch, *Rana muta, Laur.*, wird 6 bis 8 cm lang und besitzt eine kurze, stumpfe Schnauze sowie eine breite Stirn. Die Schwimmhäute sind fast vollkommen entwickelt, die Gelenkhöcker an den Zehen nur schwach ausgebildet; der Fersenhöcker ist schwach und weich, er bildet einen länglich-stumpfen Wulst und ist immer kürzer als die Hälfte der Innenzehe. Die Hinterbeine, nach vorn gelegt, erreichen mit dem Fersengelenk kaum

die Schnauzenspitze, bleiben oft sogar noch hinter ihr
zurück, die Unterschenkel sind merklich kürzer als die
Vorderbeine. Die Längswülste an den Rückenseiten sind
nur wenig vorspringend. Die Farbe der Oberseite ist
ein ins rötliche und gelbliche, oft auch ins graue, olivenfarbene und schwärzliche übergehendes Braun und
meistens von wechselnden dunklen Flecken überzeichnet.
Der Ton der Oberseite verwandelt sich nach unten allmählich in das gelbliche, rötlich- oder grauweisse des Bauches.
Auf diesem treten in der Regel allerhand rötliche, gelbliche und bräunliche Flecken oft so zahlreich auf, dass dadurch meistens der Grundton gänzlich zurückgedrängt
wird. Die Iris ist glänzend goldgelb.

Der Moorfrosch, *Rana arvalis*, *Nilsson*, wird nur
4 bis 5, ausnahmsweise auch einmal 6 cm lang, besitzt eine
schmälere Stirn als der vorige und eine zugespitzte
Schnauze. Die Schwimmhäute der Hinterfüsse sind zart
und nur unvollkommen entwickelt, die Gelenkhöcker
schwach ausgebildet und der Fersenhöcker stark und
hart, seitlich zusammengedrückt (schaufelartig) und immer
länger als die Hälfte der Innenzehe. Die Hinterbeine,
nach vorn gelegt, erreichen mit dem Fersengelenk eben
die Schnauze, die Unterschenkel derselben sind kürzer
als die Vorderbeine; die Drüsenwülste längs der Rückenseite treten auffallend stark hervor. Die Färbung der
Oberseite ist im allgemeinen gelblichbraun, geht aber auch
ins rotbraune oder — beim Männchen — ins graubraune
über. Der Rücken ist oft ungefleckt, oft mit dunklen
Flecken und immer mit einem hellen, gelblichen oder
bräunlichen, oft schwarz gesäumten, von der Schnauze
längs der Rückenmitte nach dem After verlaufenden
Band gezeichnet. Die Drüsenwülste sind hell, weissgelb
und meistens von dunkel- bis schwarzbraunen Tüpfelchen
und Strichen begleitet. Der Bauch ist weiss oder gelblichweiss und immer ungefleckt.

Rana muta, L., Gras- oder Taufrosch

Der Springfrosch, *Rana agilis, Thomas*, erreicht
eine Länge von 5 bis 7 cm. Der Kopf erscheint nieder-
gedrückt, die Stirn schmal; die Schnauze ist lang, am
Ende rundlich zugespitzt und besitzt eine vorgezogene
gewölbte Oberlippe. Die Schwimmhäute sind zart und unvollkommen wie bei der vorigen Art, die Gelenkhöcker
stark und knopfartig vorspringend. Der Fersenhöcker
ist stark und hart, seitlich zusammengedrückt und bildet
einen länglichen Wulst. Die Hinterbeine sind lang und
dünn und überragen, nach vorn gelegt, mit dem Fersengelenk die Schnauzenspitze immer um ein beträchtliches
(bis zu 10 mm), die Unterschenkel sind länger oder in
gleicher Grösse wie die Vorderbeine. Die Drüsenwülste
längs der Rückenseite sind wenig hervortretend und
schmäler als beim Grasfrosch. Die Farbe ist stets merklich heller als die der beiden vorbesprochenen Arten

und nimmt an den Flanken oft einen grünlichen Ton an.
Die hellen Drüsenwülste sind an der Aussenseite meist
von dunklen Flecken und Tüpfeln gesäumt und der
Rücken mit zwei dunklen Fleckenreihen gezeichnet, die
im Nacken zu einer spitzwinkligen Figur zusammen-
laufen. Der Bauch ist immer ungefleckt, die Iris in der
oberen Hälfte rein goldgelb, in der unteren schwärzlich.
— Zu erwähnen ist noch, dass die beiden ersten Arten
stets innere Schallblasen besitzen, die letztere aber nicht.

Da unsere drei Landfrösche in ihrem Wesen sowohl wie in ihrer Lebensweise recht viele gemeinsame
Züge besitzen, ist es gerechtfertigt, sie hier auch gemeinsam zu betrachten.

Im Gegensatz zu den Grünen Fröschen sind die
Braunröcke Landbewohner, die das Wasser nur zur
Paarungszeit und z. T. auch für die Winterruhe aufsuchen.
Den Grasfrosch trifft man während des Sommers oft
weit von allen Gewässern entfernt an, der Moorfrosch
dagegen zeigt, worauf ja schon der Name deutet, eine
besondere Vorliebe für sumpfige und moorige, überhaupt
feuchte, von Wassergräben und Tümpeln unterbrochene
Lokalitäten. Ebenso ist auch beim Springfrosch die
Neigung für feuchte Gebiete eine ausgeprägtere als beim
Grasfrosch. Die Braunröcke sind gleich ihren grünen
Vettern überaus gefrässig und werden sämtlich, wenn
ihnen namentlich zur Paarungszeit auch einmal ein
kleines Fischchen mit zum Opfer fallen mag, durch das
Wegfangen allerhand schädlicher Insekten und Gewürms
überaus nützlich. Man braucht nur einmal sehenden
Auges die Natur zu durchstreifen — schade nur, dass
dies eigentlich recht wenige fertigbringen — und vorsichtig das Gebaren unseres Grasfrosches zu be-
lauschen, um zu erkennen, mit welch' erstaunlichem Fleiss
er der Vertilgung des kleinen, meist so schädlichen Ge-
tieres obliegt. Da ist eine Schnecke, jener den Gärtnern

Rana arvalis, Nilsson, Moorfrosch

so verhasste Schädling, die in sein breites Maul verschwindet, dort ist eine Raupe von einem Strauch herab-
gefallen, an dessen Blätterwerk sie genagt hat, und die
ihm nun zur Beute fällt, da wieder beobachtet er einen
dicken Nachtfalter, dessen Raupen oft solche gewaltige
Verheerungen an den Nutzpflanzen anrichten, und den
er in kühnem Sprunge erhascht, dort wieder räumt er
unter einigen der unangenehmen Schmeissfliegen auf,
die an einer Stinkmorchel sitzen. Und so treibt er es
tagaus, tagein, Stunde für Stunde.

Im Springen steht der Grasfrosch hinter seinen
Verwandten zurück; der Moorfrosch dagegen tut es
den Wasserfröschen gleich und nur der Springfrosch
übertrifft sie alle. Sprünge von 1.5 bis 2 m Weite und
$^2/_3$ m Höhe sind bei ihm nichts seltenes. Trotz seiner
Behendigkeit aber ist er weit ruhiger, geduldiger und
gutmütiger als seine Vettern alle: L. v. MEHELY schreibt:
„In der Gefangenschaft kann man ruhig nach ihm greifen,
ihn streicheln und aufheben, ohne dass er wegspringt.
Die von mir gezeichneten Tiere lagen stundenlang auf

10*

dem Rücken und liessen sich geduldig gefallen, dass ihre Füsse vorgezogen und zusammengefaltet wurden." Das ist ein Wesenszug, den keiner unserer anderen Raniden zeigt.

Der Grasfrosch zieht sich ziemlich spät zum Winterschlaf zurück und ist einer der Lurche, der ihn auch am frühesten, oft schon im Februar oder zeitigen März, wieder beendet. Die Winterruhe verbringt er am Grunde der Gewässer, in deren Schlamm er sich einwühlt. Frieren die von ihm aufgesuchten Gewässer während eines strengen Winters einmal aus und ist das Eis von langer Dauer, so kann es sich leicht ereignen, dass er seine Winterherberge überhaupt nicht wieder verlässt: er geht durch Ersticken zugrunde. Der Moorfrosch scheint hinsichtlich der Dauer der Winterruhe mit dem Grasfrosch ziemlich übereinzustimmen, doch verbringen von ihm anscheinend nur die Männchen, die den Weibchen gegenüber übrigens eine grössere Vorliebe für das Wasser voraus haben, die Winterruhe im Schlamme, während die Weibchen in Erdlöchern am Lande den Winter überdauern. Ähnlich liegen die Verhältnisse beim Springfrosch. Das wasserliebende Männchen zieht sich in den Schlamm der Gewässer zurück, die Weibchen dagegen verbergen sich am Lande unter Wurzelwerk, dichten Moospolstern, Steinen, Erdschollen, in hohlen Baumstämmen u. dergl. mehr.

Das frühe Erscheinen des Grasfrosches aus der Winterruhe lässt ihn auch frühzeitig an das Fortpflanzungsgeschäft denken. Er ist von unseren Froschlurchen der am frühesten laichende. Oft sind die letzten Spuren von Eis und Schnee noch nicht verschwunden, und schon hält er liebend das Weibchen umklammert, oft sogar so fest, dass dieses unter seinen Umarmungen erstickt. Die Paarung vollziehen die Tiere gern in grösseren Gesellschaften. Der Laich, der sehr rasch abgeht, so dass in einer Stunde 600 bis 1000 oder

noch mehr Eier abgesetzt werden, sinkt zunächst zu
Boden und steigt nach einigen Tagen, wenn die Gallert-
masse aufgequollen ist, wieder an die Oberfläche empor.
Es bildet dann Klumpen von 15, 20 und noch mehr Zenti-
meter Durchmesser. Die Eier, die 2 mm im Durchmesser
halten und grösser sind als die des Teichfrosches, sind von
schwarzbrauner Farbe; ihnen entschlüpfen nach etwa
3 Wochen die anfangs 6 bis 8 mm langen, nach etwa
2 Monaten aber 3,5 bis 4 cm, selten darüber messenden
Larven. Anfangs sehen sie bläulichschwarz aus und
färben sich später dunkelbraun, aus welchem Ton heraus
sich im Verlaufe der weiteren Entwicklung die Farbe
des fertigen Frosches entwickelt. Nach etwa 3 Monaten
ist die Verwandlung vollendet; die jungen, etwas über
zentimetergrossen Fröschchen verlassen oft in solchen
Mengen das Wasser, dass daraus die Sage von dem
„Froschregen" entstanden ist. — Die Laichzeit des
Moorfrosches fällt mit der des Grasfrosches ungefähr
zusammen oder erfolgt nur einige Tage später, die
Paarungsvorgänge besitzen bei beiden Tieren ziemliche
Ähnlichkeit. Die Eier des Moorfrosches sind kleiner
als die seines erwähnten Vetters, und die Larven erreichen
auch nicht die Grösse der des Grasfrosches (sie werden
höchstens etwas über 3 cm lang). — Die Paarung des
Springfrosches soll bei uns etwa 6 bis 7 Wochen später
stattfinden; die Eier sind dunkler und kleiner als beim
Grasfrosch. — Die Stimme unserer Arten ist nicht besonders laut und erreicht auch nicht annähernd die Stärke
jener des Wasserfrosches. Das Männchen sowohl wie das
Weibchen des Grasfrosches lassen nur zur Paarungszeit eine Art Grunzen hören und geben sonst nur im Momente höchster Angst einen quakenden Ton von sich. Die
Stimme des Moorfrosches wird als rauher und heiserer,
aber doch klarer als die des Grasfrosches geschildert.
Ihr ähnlich, aber leiser ist die des Springfrosches.

Der Grasfrosch ist der verbreitetste und häufigste unserer Raniden und fehlt wohl kaum einer Gegend, einem Orte Deutschlands. Sein sonstiger Verbreitungsbezirk deckt sich so ziemlich mit dem des Wasserfrosches, nur dass er weiter nach Norden geht, dagegen aber im Süden nicht so weit als wie jener vordringt. Der Moorfrosch ist ein Tieflandsbewohner und geht nur längs der Flüsse und Ströme höher in die Gebirge hinauf. Er ist bei weitem nicht so häufig wie der Grasfrosch, da schon das Gebirge seiner Ausdehnung ein Ziel setzt. Am Rhein scheint er die Westgrenze seines Verbreitungsbezirkes überhaupt zu haben. Der Springfrosch, im Gegensatz zu dem nördlichen Moorfrosch eine ausgesprochene südliche Art, besitzt den kleinsten Verbreitungsbezirk und ist in Deutschland überhaupt erst nur an einigen wenigen Orten (bei Strassburg i. E., Würzburg, Traunstein) und dabei stets in wenigen Stücken gefunden worden. — Unsere Kenntnisse über das Vorkommen des Moorfrosches sowohl wie des Springfrosches sind überhaupt noch recht unvollkommene, da beide Arten erst in verhältnismässig jüngster Zeit als solche erkannt und von den Grasfröschen getrennt worden sind.

Die zweite Familie der Froschlurche bilden die Kröten, *Bufonidae*: Tiere von dickem, plumpem Körper, dessen Oberfläche durch zahlreiche Warzen und Höcker besonders rauh erscheint. Die Beine sind dick, die hinteren nur um ein weniges länger als die vorderen, die Zehen der Hinterfüsse mit unvollkommenen Schwimmhäuten ausgerüstet. Die Augen sind gross, die Pupillen länglich queroval. Über dem äusserlich hervortretenden Trommelfell liegt ein immer scharf ausgeprägter Ohrdrüsenwulst. Die Zunge ist etwa doppelt so lang als breit und hinten ganzrandig.

Die Kröten sind in Deutschland durch die Gattung der Erdkröten, *Bufo*, mit 3 Arten: der Grauen Kröte, *Bufo vulgaris*, *Laur.*, der Grünen Kröte, *Bufo viridis*, *Laur.*, und der Kreuzkröte, *Bufo calamita*, *Laur.*, ver treten.

Der Rumpf der Erdkröten, *Bufo*, erscheint rundlich zusammengeschoben und ist oberseits gewölbt, der Kopf ist flach, die kurze Schnauze breit abgerundet. Äussere Schallblasen fehlen ihnen völlig, dagegen besitzen die Männchen der Wechsel- und der Kreuzkröte innere Stimmsäcke. Die Tiere stehen an Beweglichkeit nicht nur weit hinter den Fröschen, sondern auch der übrigen Froschlurche zurück, und sind landbewohnende Arten, die nur während der Paarung das Wasser aufsuchen. Die Männchen umklammern während der letzteren die Weibchen ähnlich wie dies die Frösche tun. Die Eier werden aber nicht wie dort in Klumpen abgegeben, sondern gehen in Schnüren ab, die bei der Erdkröte 3 bis 5, ja selbst 10 m Länge erreichen und einige Tausend Eier enthalten können, bei der Grünen Kröte gegen 3 bis 4 m lang werden und nur bei der Kreuzkröte beträchtlich hinter diesen Massen zurückbleiben; die Larven schlüpfen bereits einige Tage nach dem Ablegen der Eier aus.

Die Kröten führen eine nächtliche Lebensweise und halten sich tagsüber an dunklen, feuchten Orten auf. Um die Dämmerungszeit erst werden sie lebendig und gehen der Jagd auf Würmer, Nacktschnecken, nackte Raupen, am Boden sich aufhaltende Insekten u. a. m. nach. Sie sind recht gefrässig und, da ihre Beute sich fast ausschliesslich aus gefürchteten Schädlingen zusammensetzt, auch ungemein nützlich und gehören zu den nutzbringendsten Arten der Lurche überhaupt. Es ist nur

schade, dass so exakte Untersuchungen, wie sie beispielsweise über den wirtschaftlichen Wert einzelner Vogelarten
vorliegen, nicht auch über die Kröten vorhanden sind, um
allen denen, die sie nicht nur schmähen, sondern auch verfolgen — und ihrer sind es nun einmal noch so viele —
die hohe Bedeutung dieser Lurche vor Augen zu führen.
Der Landmann und der Gärtner namentlich sollten sich
immer bewusst sein, was für treue und zuverlässige
Verbündete sie in ihrem Kampfe gegen das grosse Heer
der Schädlinge aus dem Reiche der Kleintierwelt in den
Kröten besitzen, und sie schonen und schützen, statt sie,
wie ich das oft gesehen habe, mit den Füssen fort-
zustossen und fortzuschleudern. Aber so ist es immer:
unsere treuesten Freunde behandeln wir am schlech-
testen! — Mir klagte vor Jahren einmal ein Gärtner in
einer kleinen Stadt Sachsens über eine zunehmende, seine
Kulturen aufs empfindlichste heimsuchende Schnecken-
plage; meinem Ratschlag, sie durch die Aussetzung von
Kröten in den Gärten und Gewächshäusern zu bekämpfen, stand er anfangs sehr unsympathisch gegenüber, befolgte ihn aber und konnte mir schon nach verhältnismässig kurzer Zeit melden, dass das ihm von mir
vorgeschlagene Mittel erfolgreich sei. — Die Kröten werden gern als „giftig" verschrieen und die Ansicht, dass sie
ihre Verfolger mit „Gift anspritzen", ist eine weitver-
breitete nicht nur in unseren einfachen Volksschichten,
sondern beherrscht auch noch viele unserer sogenannten
Gebildeten und solche, die gebildet sein wollen. Die
Giftigkeit der Kröten ist aber ein unbegründetes und
längst widerlegtes Ammenmärchen; das Drüsensekret,
das auch die Kröten wie ihre Verwandten fast alle absondern, ist gegenüber dem Menschen recht harmloser
Natur und der Urin, den sie, einmal ergriffen, gleich
vielen anderen Tieren, abgehen lassen und der vielleicht die Ursache der Ansicht von dem „Giftanspritzen"

Bufo vulgaris, Laur., G r a u e K r ö t e

bildet, ist völlig harmlos und ohne alle schädlichen Folgen.
Darum, lieber Leser, wirke auch du nach Kräften mit,
dass jener krasse, uns wahrlich nicht zum Lobe dienende
Unsinn endlich einmal aus unserem Volke verschwinde!

Die Graue, Gemeine oder Erdkröte, *Bufo
vulgaris, Laur.*, ist die verbreitetste und häufigste unter
ihren Geschwistern und steht auch in bezug auf die
Grösse obenan. Denn sie wird 8 bis 12 cm lang und überschreitet wohl auch einmal diese Grösse, während die
Grüne und die Kreuzkröte im Höchstfalle 8 cm messen.
Ihr Körper ist breit, plump und in der Mitte verbreitert, der Kopf kurz und in der Regel breiter als
lang, oberseits abgeplattet und zwischen den Augen etwas
vertieft. Die Iris der letzteren ist orangegelb bis goldgelb und im unteren Teil durch einen schwarzen, senkrecht gehenden Strich in 2 Hälften geteilt. Die stark
hervortretenden Ohrwülste sind gross, 2 bis 3 mal so
lang als breit, leicht halbmondförmig und ziehen sich vom
Hinterrande der Augen nach der Schultergegend. Am

Ballen der Vorderfüsse sind zwei ungleich grosse Höcker, an den Fersen der Hinterfüsse zwei weitere, von denen der nach aussen stehende gerundet, der innere dagegen mehr länglich ist und stark hervortritt. Die Hinterfüsse besitzen unvollkommene, aber immer bis zur Mitte der Zehen reichende Schwimmhäute. Die Haut ist rauh und besonders reich an Drüsen, Warzen und Höckern. Die Hauthöcker sind auf ihrem Scheitel oft verhornt und tragen einen zugespitzten Dorn, eine Erscheinung, die namentlich bei der Varietät *spinosus* auffallend zur Geltung kommt. Die Oberseite der Tiere ist von graubrauner, bald ins asch- und schwärzlichgraue, bald ins oliven-grünliche übergehender Farbe, die an den Seiten oft hellere Töne annimmt und dadurch allmählich in die weissgraue oder gelbgraue, beim Weibchen dunkelgrau gefleckte Unterseite übergeht. Oberseits erscheinen zu-weilen braune bis schwärzliche Flecken und Streifen sowie rötlich gefärbte Warzen.

Die Erdkröte übertrifft mit ihrem Verbreitungsbezirk den des Grasfrosches noch um ein beträchtliches, indem sie vor allem weiter südwärts vordringt. In Deuschland fehlt sie nirgends, sie ist dem Tieflande eigen, bewohnt die Mittelgebirge und steigt selbst in die Hochgebirge empor, wo man sie noch in Höhen von über 2000 m ge-funden hat. Sie hält sich an dunklen und feuchten Orten auf und kommt, obwohl sie Dämmerungs- und Nachttier ist, auch einmal tagsüber nach einem warmen Regen zum Vorschein. Ihre Bewegungen sind langsame; sie bleibt gern lange an einem Fleck sitzen und mitunter auch plötzlich über dem Gehen ohne ersichtliche Ursache stille stehen, um längere Zeit in der dabei eingenommenen Stellung zu verharren. Über ihre Nahrung haben wir näheres schon gehört; erblickt sie ein Beutetier, so beleben sich ihre Augen, der Körper richtet sich empor, und mit einer gewissen Behendigkeit läuft sie auf die auserkorene Beute zu. Ist sie nahe genug an dieselbe herangekommen, so hält sie im Gehen inne, prüft die Distanz zwischen sich und ihrem Opfer und fährt dann blitzschnell mit der Zunge auf dasselbe zu. An dieser klebt das Tier fest, es wird ebenso rasch, wie es ergriffen worden ist, in das Maul eingeführt und unter beständigem Schliessen und Öffnen der Augen verschluckt. Ist das Beutetier ein grosses, so dass es zum Maule heraushängt, so helfen abwechselnd die Vorderbeine mit, es sicher in den Mund einzuführen.

Im September oder Oktober zieht sich die Graue Kröte in ihre Winterherbergen, die in Erdhöhlen, unter Steinen, Mauern und Wurzelwerk, in Schlamm und an anderen Orten mehr gelegen sind, zurück. Bei den älteren Tieren geschieht das in der Regel früher, als bei jüngeren, die man oft anfangs November und später noch im Freien antrifft. Das Ende der Winterruhe fällt in den März, nach ihrem Abschluss verschreiten die Tiere ungesäumt zur Paarung, bei der es von seiten der Männchen besonders erregt und heissblütig zugeht und die die Tiere meist gesellig vornehmen. Der Laich wird vom Weibchen absatzweise in Schnüren abgegeben und lose um Wasserpflanzen, Holz u. dgl. mehr gewickelt. In starkbesuchten Gewässern verwickeln sich die Eischnüre vieler Tiere oft zu wirren und grossen Knäueln. Die Eier sind klein, etwa 1 bis höchstens 2 mm gross (natürlich wie bei allen derartigen Angaben ohne die Gallerthülle gemessen) und von braunschwarzer Farbe. Die 5 bis 6 mm langen Larven verlassen die Eier nach dem 10. bis 12. Tag, sie wachsen in der etwa 3 Monate dauernden Entwicklungszeit bis auf fast 3 cm heran. Ihre Farbe ist in allen Entwicklungsstufen ein gleichmässiges tiefschwarz, ein wirksames Unterscheidungsmerkmal gegenüber den zu gleicher Zeit zu beobachtenden Larven des Grasfrosches. Die jungen entwickelten

Kröten messen 8 bis 12 mm, sind noch tiefdunkel gefärbt und verlassen gleich denen des Grasfrosches oft in ungezählten Hunderten und Tausenden das Wasser.

Die Grüne- (oder auch Wechsel-) Kröte, *Bufo viridis*. *Laur.*, steht an Grösse hinter ihrer eben kennen gelernten Schwester zurück, denn sie wird nur 7 bis 8 cm lang. Sie ist weniger plump als wie diese und in ihrem ganzen Wesen auch lebhafter als ihre beiden Gattungsgenossinnen. Die Haut erscheint weniger warziger, die Warzen und Drüsen sind mehr in Gruppen zusammengestellt und klein bis mittelgross; einzelne von ihnen tragen auf ihrem Scheitel gelbliche, durchscheinende Hornhöcker. Die Ohrdrüse ist flach und schmal, walzig oder nierenförmig und reicht mit dem hinteren Ende bis hinter die Achsel. Die Zehen der Hinterfüsse sind durch halbe bis zwei Drittel Schwimmhäute miteinander verbunden; an dem Fersengelenk befindet sich je ein einzelner, ziemlich grosser und länglicher, stark hervortretender Höcker. Die Hinterbeine sind schlanker als die der Erdkröte, etwa doppelt so lang als die vorderen und reichen, nach vorn gelegt, mit der längsten Zehe über die Schnauze hinaus. In bezug auf Färbung und Zeichnung ist die Grüne Kröte die schönste unter ihren Gattungsgenossen. Die helle grünlichgraue bis ledergelbe, weissliche oder graue Oberseite ist mit sammet- und grasgrünen Flecken gezeichnet, von denen sich feine schwarzgrüne Punkte und — namentlich an den Seiten und am Halse — rote Wärzchen abheben. Die Unterseite ist grau- oder gelblichweiss und beim Weibchen häufig, beim Männchen weniger häufig mit grünlichen oder grauen Flecken gezeichnet. Die Iris ist auf leuchtend grünem oder gelbem Grunde schwarz gesprenkelt.

Bufo vulgaris, Laur., Graue Kröte

Die Grüne Kröte ist lebhafter als ihre graue Schwester
und infolge ihrer längeren Hinterbeine zu froschähn-
lichen, hüpfenden Bewegungen imstande. Sie hat eine
grosse Vorliebe für das Wasser und hält sich nicht nur
nach der Paarungszeit etwas länger in dem feuchten
Element auf, sondern besucht dasselbe ab und zu auch
im Laufe des Sommers, wählt daher ihre Aufenthaltsorte auch gern in der Nähe der Gewässer. Obwohl
Dämmerungs- und Nachttier, kann man auch unsere Art
an regnerischen, gewitterschwülen Tagen ausserhalb
ihrer Verstecke antreffen. Der Winterschlaf währt in
der Regel vom September oder Oktober bis in den
April, wohl gar auch bis in den Mai hinein, die
Paarung erfolgt daher, obwohl die Tiere sofort nach
Beendigung der Winterruhe dazu vorschreiten, später als
bei der Grauen-, dagegen früher als bei der Kreuzkröte.
Um die Paarungszeit kann man auch ihre Stimme vernehmen, die von allen Froschlurchen die modulations-

fähigste ist, und die PALLAS mit den Tönen vergleicht,
die entstehen, wenn man Luft durch eine Röhre in
Wasser bläst. Die Paarung und Eiablage erfolgt wie bei
der Grauen Kröte; die Eier, aus denen unter günstigen
Umständen schon nach 4 Tagen die 3 bis 4 mm langen
Larven schlüpfen, ähneln denen der Grauen Kröte auffallend, sind aber etwas kleiner als wie diese. Die
Larven sind einfarbig dunkel gefärbt und nähern sich
gleichfalls denen der anderen Kröten, erhalten aber
schon nach dem Erscheinen der Hinterbeine eine
hellere Färbung, wachsen rascher und werden grösser.
Die Entwicklung dauert etwa 3 Monate.

Die Grüne Kröte ist bei uns bei weitem nicht so
häufig als wie die Graue Kröte und gibt auch dem Flach-
und dem Hügellande den Vorzug vor Gebirgen, in denen
man sie seltener antrifft. Sie hat zwar einen sehr aus-
gedehnten Verbreitungsbezirk, ist aber eine mehr östliche Form, die sich allerdings auch in Südeuropa und
Nordafrika findet.

Im Gegensatz dazu ist die Kreuzkröte, *Bufo
calamita, Laur.*, nur auf den Westen beschränkt. „Es hat
den Anschein," sagt DÜRIGEN, „als ob Frankreich den
Knotenpunkt der Verbreitung bildet und die Kröte sich
von da aus nach allen Seiten hin (nur nicht über die Alpen
nach Italien) gezogen habe." In Deutschland schliesst
sie westlich des Rheines ihre grüne Gattungsgenossin
aus, kommt dann weiter mit dieser gemeinsam vor und
überlässt ihr schliesslich östlich der Weichsel allein
das Land.

Ihre Länge beträgt 5 bis 8 cm, ihr Körper ist plumper
als der der Grünen Kröte, mit der sie früher als eine
Art angesehen wurde, und kommt dem der Grauen
Kröte viel näher als dem der grünen, der Kopf ist breiter als

lang und die hohe Schnauze vorn stumpf abgerundet. Die Ohrwülste treten nur wenig hervor, sie sind kurz und abgerundet dreieckig. Die Hinterbeine besitzen nur in den Zehenwinkeln eine kurze Schwimmhaut, sie sind sehr kurz und reichen, nach vorn gelegt, mit der Spitze der längsten Zehe höchstens bis zum Ende der Schnauzenspitze. An den Fersen der Hinterfüsse befinden sich je ein Paar rundliche Höckerchen. Die Hautwarzen stehen vereinzelt und sind ohne jede hornigen Höcker, treten dafür aber auch auf der Unterseite auf. Die Farbe der Oberseite ist ein grünliches oder gelbliches Grau, das aber meistens ins dunklere olivengrüne und olivenbraune und, vorzugsweise beim Weibchen, ins gelbliche, rötliche und rotbraune übergeht; die Unterseite ist weisslich oder weissgrau und meist mit schwärzlichen Flecken übersät. Auf der Oberseite treten dazu noch eine grüngraue, grünbraune bis schwärzliche Marmorierung sowie rote Warzenpunkte, während vom Kopf längs des Rückgrates bis zum After ein schwefelgelber, etwas vertiefter Streifen läuft.

Die Kreuzkröte liebt ähnliche Orte wie ihre grüne Schwester, und gräbt sich, wie ihre beiden anderen Gattungsgenossinnen auch, nicht selten ihre Schlupfwinkel selbst. Eine Fähigkeit hat sie ihnen aber voraus und das ist die, zu klettern. Sie ist dadurch in den Stand gesetzt, an Felsen und Mauern emporzusteigen, die jenen unzugänglich sind. Beim Klettern presst sie die Zehenspitzen fest in die Ritzen und Fugen ein und drückt den hinteren, warzigen Teil des Bauches, der durch seine Drüsenabsonderungen besonders klebrig ist, oder die Weichen fest an den zu erklimmenden Gegenstand an. Beim Graben wühlt sie zunächst, rückwärts gehend, mit den Hinterfüssen die Erde fort, um sich in grösserer Tiefe umzudrehen und mit den Vorderfüssen weiterzugraben, mit den Hinterbeinen aber die Erde heraus-

zuschleudern. Auf diese Weise kann sie sich in verhältnismässig kurzer Zeit metertief einwühlen. In ihren Bewegungen ist sie bei weitem nicht so gewandt, wie die
Grüne Kröte; sie erscheinen infolge der kurzen Hinterbeine humpelnd und täppisch. Ihren Verfolgern sucht sie
sich durch schnelles Eingraben oder Aufdrücken auf den
Boden zu entziehen; glückt ihr das nicht, so läuft sie
eilig in gerader Richtung davon, hält aber plötzlich
wieder inne, und wiederholt das Spiel, selbst wenn sie
ihren Feind noch gewahrt, immer wieder von neuem.

Zu ihrem Winterschlaf, für den sie sich die Herberge
oft selbst gräbt, zieht sie sich frühzeitig, im September
oder Oktober, zurück und beendet ihn auch nie vor Ende
März, erscheint häufiger sogar erst Mitte April. Die
Stimmen der paarungslustigen Männchen hört man vom
April an, die Paarung selbst aber findet später als bei
anderen Kröten im Mai und Juni statt. Die Vorgänge
dabei sind die bekannten, ausgenommen, dass sie hier
nur während der Nacht stattfinden. Die Larven verlassen die Eihülle sehr rasch und wachsen auch rasch
zu ihrer vollen Grösse, 2 bis 3 cm. heran.

Die dritte Familie der Froschlurche bilden die
Baumfrösche, *Hylidae*, froschartige Tiere von glattem
Rücken und warzigem Bauch, mit scheibenförmigen Haft-
ballen an sämtlichen Zehen und fehlenden Ohrdrüsen.

Sie sind in Deutschland durch die Gattung Laubfrosch, *Hyla*, mit nur einer Art, dem Europäischen
Laubfrosch, *Hyla arborea*, L., vertreten.

Der Laubfrosch, *Hyla arborea*, L., ist wohl der
bestgekannteste unserer Lurche und — was sich von
keiner anderen Art behaupten lässt — ein ausgesprochener Liebling unseres Volkes, sogar des weiblichen

Teiles, geworden. In mehr oder weniger kunstvoll ge-
arbeiteten gläsernen Häuschen oder auch in blossen mit
Gaze verschlossenen „Einmachegläsern" ist er in vielen
Häusern zu finden und wird befragt, wenn „Mutter
Wäsche hat oder Vater mit seinen Kegel- oder Skat-
brüdern eine Landpartie plant." Denn er gilt als „be-
währter" Wetterprophet, obschon auf ihn ebensowenig
Verlass ist, wie auf Wetterpropheten und Wetteranzeiger
sämtlich. Sein Halten im Hause artet aber vielfach zu
einer ganz gewöhnlichen Quälerei aus; der Behälter mit
ihm wird meistens in ein recht sonniges Fenster gestellt
und hier kann sich nun das arme Tierchen nicht vor
den quälenden Sonnenstrahlen schützen, es geht vielfach
elendiglich zugrunde. An seinem Tode liegt ja auch
nicht viel, denn im nächsten Geschäft bekommt man ja
schon für 10 oder 20 Pfennige wieder einen neuen!

Der Körper des Laubfrosches ist mässig schlank,
auf dem Rücken gewölbt und unterseits glatt und verengt
sich merklich vor den Hinterschenkeln. Der Kopf ist
breiter als lang und verläuft in die abgerundete Schnauze.
Die Augen sind gross, hervorquellend, das Trommelfell
ist deutlich sichtbar und fast kreisrund. An der Kehle
ist eine querlaufende, schlaffe Hautfalte zu sehen, zu der
beim Männchen noch die äussere, in luftgefülltem Zustande kopfgrosse Schallblase tritt. Die Zunge ist rundlich und hinten schwach ausgerandet. Die Vorderbeine
sind um Rumpflänge, die Hinterbeine um ein viertel bis
ein drittel der letzteren länger. Die Zehen der Vorderfüsse
sind viel kürzer, die der Hinterfüsse mit längeren, etwa $^2/_3$
bis $^4/_5$ der Zehenlänge erreichenden Schwimmhäuten
versehen und tragen an ihren Enden stets tellerförmige
Saugnäpfchen. Die Länge des Tieres beträgt bei uns
3,5 bis 4 cm und erreicht in südlichen Gegenden auch 5 cm.

Die Farbe, die sich beim Laubfrosch ungewöhnlich
rasch ändern kann, ist im allgemeinen oberseits ein

frisches. lebhaftes Blattgrün, das von dem Gelblichweiss
der Unterseite durch einen vom Nasenloch über das
Trommelfell nach den Hinterbeinen verlaufenden schwarzen
Streifen abgegrenzt wird. Die Kehle des erwachsenen
Männchens erscheint olivenfarben, schwarzbraun oder
schwärzlich, die des Weibchens ist immer weisslich. Der
Farbenwechsel, den in so ausgeprägtem Masse keiner
von unseren anderen Lurchen zeigt, erfolgt durch das
schon früher erwähnte Wandern der Farb- und Pigmentzellen innerhalb der Haut; er kann von dem Tiere aber
niemals willkürlich hervorgerufen werden, sondern ist ein
rein mechanischer vom Willen unabhängiger Vorgang,
steht aber mit den verschiedenen Eindrücken, die auf
das Auge des Tieres, auf den Tastsinn usw. einwirken,
in ursächlichem Zusammenhang. So kann das frische
Grün seines Körpers je nach dem Aufenthaltsort, dessen
Färbung und Belichtung, nach Temperatur und Luft-
druck, nach den Nahrungs- und Wasserverhältnissen in
ein Gelbgrün, Blaugrün, Graugrün, Silbergrau, Blau, Gelb
und Graubraun übergehen, der Ton kann dabei einfarbig,
gefleckt und marmoriert erscheinen.

Der Verbreitungsbezirk des Laubfrosches deckt sich
ungefähr mit dem des Teichfrosches; er fehlt aber in
allen Hochgebirgen, Wüsten und Steppengegenden. In
Deutschland sucht man ihn fast nirgends vergebens; er
bevorzugt allerdings das Tief- und Hügelland vor den
Gebirgen, steigt in die mittleren Lagen derselben aber auch
empor und meidet nur ihre rauhen Höhen und Kämme.

Seine Aufenthaltsorte wählt er sich, obzwar man ihn
weit von jedem Wasser antreffen kann, doch gern in
der Nähe stehender und fliessender Gewässer. Während
des Sommers sucht er das nasse Element allerdings nur
ausnahmsweise auf, steigt aber an warmen Abenden
kurz nach Beendigung des Laichgeschäftes gern noch
einmal in dasselbe hinab, um aus dem Schilfe heraus

Hyla arborea, Laur., **Laubfrosch**

seine Stimme ertönen zu lassen. Wiesen und Felder, Waldränder, Laubgehölze, Gärten, Parks usw. bilden seine bevorzugten Standorte; er klettert hier in das Laubwerk der Sträucher und Bäume, oft bis zu den höchsten Spitzen, hinauf oder klimmt an Gras, Getreide und Stauden empor und sitzt hier tagsüber, anscheinend wie schlafend, fest angeklebt. Kein vorüberfliegendes Insekt aber entgeht ihm, mit raschem, genau abgemessenem Sprunge weiss er es zu erhaschen. Beim Zuspringen klappt er die Zunge heraus, auf dessen klebriger Oberfläche das Beutetier haften bleibt. Da ihm die heissen Sonnenstrahlen nicht angenehm sind, hält er sich während der warmen Tagesstunden auch meist im Schatten der Blätter auf und wird erst richtig lebendig zur Abendzeit. Rauhes Wetter und kalte Winde sagen ihm nicht

zu, er sucht vor ihnen Schutz unter Steinen, in Mauer-
lücken, hinter loser Baumrinde und in hohlen Bäumen. —
An seinen Aufenthaltsorten ist er nicht immer leicht zu
entdecken, die genaue Übereinstimmung seines Körper-
grünes mit dem Grün der Pflanzen, auf denen er sich auf-
hält, machen ihn „unsichtbar" und nur ein durch lange
Beobachtung geschärftes Auge wird ihn immer gewahr.

Die Winterruhe tritt er, wenn rauhe herbstliche
Winde ihm den Aufenthalt an seinen gewohnten Standorten verleiden, in der Regel im Oktober an. Er sucht
dazu Unterkunft in hohlen Bäumen, Erdlöchern, Mauer-
spalten, unter Steinen, Laub, Dünger u. a. m. und verlässt die Winterquartiere erst wieder gegen Ende April
oder anfangs Mai. Die Männchen kommen früher zum
Vorschein als die Weibchen und suchen alsbald ein
klares, stehendes oder nicht rasch fliessendes, am liebsten
mit Gebüsch umstandenes Wasser auf, aus denen heraus
man des Abends ihre „Liebeslieder" hören kann und in die
ihnen die Weibchen nach 6 bis 10 Tagen nachfolgen. Die
Paarung ist keine so lebhafte wie die der anderen
Froschlurche. Die Männchen umfassen das Weibchen
mit der geballten Faust in der Achselhöhle und halten
es einen oder mehrere Tage umschlungen, worauf die
Abgabe und Befruchtung des Laiches erfolgt, ein meist
nächtlicher, sich binnen weniger Stunden vollziehender
Vorgang. Die Zahl der Eier beträgt 800 bis 1000, sie
messen 1 bis 1,5 mm im Durchmesser und sind von schwarz-
gelber bis gelblichweisser Farbe. Das Absetzen geschieht in unregelmässigen, zu Boden sinkenden oder
an Wasserpflanzen haften bleibenden Klumpen. 10 bis
14 Tage nach dem Laichen entschlüpfen den Eiern die
Larven, die 7 bis 8 mm messen — also zu den am grössten
auskommenden zählen — und sich durch einen langen,
fischartigen Schwanz und ihre gelbe Farbe von anderen
Larven leicht unterscheiden lassen. Mit zunehmender

Pelobates fuscus, Laur., Knoblauchskröte

Entwicklung treten grüne, von Goldglanz überzogene
Töne auf, die sich schliesslich, wenn die Larven mit
etwa 3 bis 4 cm ihre grösste Länge erreicht haben, in ein
reines Grün verwandeln. Anfang und Mitte August, zuweilen auch gegen Ende dieses Monats ist die Entwicklung abgeschlossen, die jungen Frösche verlassen als
13 bis 18 mm lange Tierchen das Wasser.

Den Baumfröschen schliesst sich die Familie der
Froschkröten, *Pelobatidae* an, die in Deutschland durch
die Gattung der Landunken (oder Wühlkröten),
Pelobates, vertreten wird.

Im allgemeinen sind die Froschkröten mehr
frosch- als krötenartig gebaut, wennschon sie plumper
und breiter als die eigentlichen Frösche erscheinen. Der
Kopf ist meistens kurz, die Schnauze bald spitzer, bald
stumpfer, die Pupille senkrecht gespalten. Die Zunge
ist rundlich und hinten kaum ausgeschnitten, das Trommelfell liegt unter der Haut verborgen und Ohrdrüsenwülste

sind nicht ausgebildet. Die Haut ist glatt und zart, die
Zehen sind mit einfachen Endgliedern versehen. Die Tiere
dieser Familie führen meist eine sehr versteckte Lebensweise und halten sich teils im Wasser, teils auf dem
Lande und in letzterem Falle tagsüber meist in Erdhöhlen verborgen auf. Die Vertreter der einzigen Gattung
charakterisieren sich durch den kurzen, breiten Kopf und
die abgerundete, abschüssige Schnauze. Die Pupille ist
senkrecht oval. Die Zehen der Vorderbeine sind ohne,
die der Hinterbeine dagegen durch bis zur Spitze
reichende Schwimmhäute verbunden. Am Fersengelenk
steht stets ein grosser und starker, schaufelartiger und
mit einem scharfen Hornkamm versehener Höcker, der
den Tieren beim Graben vorzügliche Dienste leistet.

Die in Deutschland lebende Art der Gattung *Pelobates* ist die Knoblauchs- oder auch Wühlkröte.
Pelobates juscus (*Laur.*). Zu ihren sich aus der Schilderung der Gattung ergebenden Artkennzeichen sei hier
noch folgendes bemerkt. Sie wird 5 bis 7, ausnahmsweise gegen 8 cm lang und besitzt Beine, von denen
die vorderen die Rumpflänge nicht erreichen, die hinteren aber, nach vorn gelegt, um ein merkliches über
die Schnauze hinausragen. Der glatten Haut fehlen alle
Warzen und nur in der After- und Weichengegend
treten kleine Höckerchen auf, während der Rücken bei
manchen Tieren kleine, kaum wahrnehmbare Haut-
erhebungen besitzt.

Die Farbe der Oberseite ist ein helleres oder
dunkleres Grau oder Braun, das oft einen gelblichen
oder bläulichen Schein annehmen kann und mit kastanien-
braunen bis schwärzlichen Flecken, sowie besonders an
den Seiten und Schenkeln mit roten Punkten und Tüpfelchen gezeichnet ist. Die Unterseite ist immer weisslich,
einfarbig oder grau gefleckt.

Pelobates fuscus, Laur., Knoblauchskröte, im Begriff, sich einzugraben

Die Knoblauchskröte ist ein echtes Tier der Tiefebene und bewohnt das mittlere, nordöstliche und östliche Europa und ähnelt in ihrer Verbreitung auffallend
dem Moor- und dem Seefrosch. In Deutschland bewohnt sie hauptsächlich die norddeutsche Tiefebene und
hier namentlich das Gebiet der Elbe, Oder und Weichsel.
Sie folgt den grossen Flussthälern aufwärts und verbreitet
sich von diesen auch in die Gebiete der Nebenflüsse.
In Süddeutschland ist sie seltener und fehlt hier dem
Königreich Württemberg ganz.

Sie ist, obwohl ihre wohlausgebildeten Schwimmhäute auf ein Wasserleben hindeuten, ein echtes Land-
tier und verlässt das Wasser, in dem die Begattung erfolgt, doch sofort nach erledigter Paarung. Sie lebt
sehr verborgen — ein Umstand, der sie uns allzu leicht
der Beobachtung entgehen lässt — und hält sich tagsüber stets in meist selbstgegrabenen Erdlöchern auf,
die sie nur des Nachts, nicht auch schon, wie andere
Kröten, bei anbrechender Dämmerung verlässt. Es ist

interessant, sie beim Eingraben, das stets rückwärts erfolgt, zu beobachten. „Mit einer unglaublichen Behendigkeit und Geschwindigkeit," so zitiert DÜRIGEN
C. BRUCH, „stossen sie die Erde hinter sich nach beiden Seiten hinweg, indem sie stets mit dem Hinter-
teil vorrücken und dasselbe bald nach rechts, bald nach
links, nach Massgabe des gewonnenen Raumes, nach-
schieben." Auf diese Art entschwindet sie bald den
Blicken; ich habe beobachtet, dass sie dazu selbst bei
härterem Erdreich selten mehr als höchstens 3 Minuten
braucht, in lockeres oder in Sand dagegen sich in
kaum Minutenfrist einwühlt. Ergreift man sie, so bläht
sie sich auf und erscheint dadurch breiter als lang und
soll dabei auch einen besonders zur Laichzeit auffallenden knoblauchartigen Geruch von sich geben. Ich
habe aber, selbst zur Paarungszeit, diesen Geruch nie
an den Tieren bemerkt. In ihren Bewegungen zeigt
die Knoblauchskröte eine ziemliche Gewandtheit und
übertrifft darin die echten Kröten stets: sie ist auch
imstande, gut und rasch zu hüpfen. Die Nahrung
kommt derjenigen der übrigen Kröten gleich, sie besteht
in Insekten und allerhand anderen kleineren, schädlichen
Tieren. Sie schliesst sich daher in bezug auf ihren
wirtschaftlichen Wert, ihren Nutzen, auch eng an die
echten Kröten an.

Im September zieht sie sich stets einzeln in eine
selbstgegrabene Erdhöhle zum Winterschlaf zurück,
kommt aber frühzeitig, mitunter schon ausgangs Februar,
sonst aber im März, aus ihr zurück und sucht, das
Männchen meist früher als das Weibchen, ein Gewässer
für das Fortpflanzungsgeschäft auf. Der Paarungsvor-
gang ist ein stürmischer, meist aber weniger innig und
auch kürzer als bei manchen anderen Froschlurchen;
er kann in einer Nacht schon beendet sein und währt
in den längsten Fällen nie länger als 2 bis 4 Tage;

das Weibchen wird dabei vom Männchen an den Hüften umfasst. Der Laich wird in einer kurzen, wohl selten über 40 cm langen Schnur abgegeben und ist durch seine bedeutende bis über 1 cm betragende Stärke leicht von den Eischnüren anderer Arten zu unterscheiden. Die Eier, einige Hundert bis Tausend, messen etwa 1 mm und sind von braunschwarzer Färbung. Die Larven verlassen bereits nach 7 bis 9 Tagen die Ei- hülle und sind zu dieser Zeit etwa 4 bis 6 mm lang. Das ursprüngliche dunkle Braun derselben geht mit fortschreitendem Wachstum in ein helleres Olivenbraun über. Die Grösse der Larven im ausgewachsenen Zu- stande ist eine recht beträchtliche, sie erreicht 8 bis 10, wohl auch 10 bis 13 und unter besonders günstigen Umständen sogar 15 bis 17 cm; eine Länge, die von den Larven keiner anderen Art erreicht wird. Der be- deutenden Larvengrösse entspricht auch die Grösse der Jungen, die beim Verlassen des Wassers etwa 3 cm messen.

Die letzte Familie der Froschlurche, die der Scheibenzüngler, *Discoglossidae*, umfasst krötenartige Tiere von warziger Hautoberfläche. Sie zerfällt in zwei Gattungen, nämlich in die Wasserunken, *Bombinator*, und in die Fessler, *Alytes*.

Die Wasserunken, deren krötenartiger Körper doch schlanker und flacher erscheint, als bei den echten Kröten, zeichnen sich durch eine besonders warzige Haut aus und sind an den Hinterfüssen mit Schwimm- häuten ausgerüstet, die beim Männchen vollkommene sind, beim Weibchen aber nur Zweidrittel der Zehen- länge erreichen. Der Kopf ist platt mit abgerundeter Schnauze, die Augen stehen nahe beisammen und treten stark hervor, die Pupille steht senkrecht und erscheint dreieckig.

Die beiden deutschen Arten der Gattung Wasser-unke, die Gelbbauch- oder die Bergunke, *Bombinator pachypus, Bonap.*, und die Rotbauchige Unke, *Bombinator igneus, Laur.*, wollen wir hier zusammen be-trachten, da sie, obzwar ohne sonderliche Mühe leicht auseinanderzuhalten, in ihrem Wesen und ihrer Lebens-weise doch so viele gemeinsame Züge aufweisen, früher auch als nur eine Art aufgefasst worden sind.

Die Gelbbauchige Unke wird 4 bis 4,8 cm lang und erscheint gedrungener gebaut, als die etwas schlankere rotbauchige Art: ihr Kopf ist niedrig, auffallend abge-flacht und kürzer als in seinem hinteren Teile breit, die Schnauze kurz und breit abgerundet, die Zunge rund und mit ihrer unteren Fläche in der Mundhöhle festgewachsen. Die Beine sind kräftig gebaut, die vorderen dabei halb so lang als der Rumpf, während die hinteren diesen an Länge merklich übertreffen und nach vorn gestreckt mit der Spitze der längsten Zehe weit über die Schnauzenspitze hinausragen. Die Haut der Oberseite ist mit zahlreichen grossen und kegel-förmigen, einzeln stehenden oder zu Haufen gruppierten Warzen besetzt, deren Spitze (namentlich zur Paarungs-zeit) mit kleinen, schwarzen, am Grunde hellen Horn-stacheln besetzt ist. Die Oberseite des Gelbbauches ist schmutzig olivengrau, oft ins gelbliche spielend, graugrün, aschgrau oder grau gefärbt und meistens mit kleinen, undeutlichen dunklen Flecken gezeichnet. Die Unterseite enthält auf weisslich- bis schwefel- oder orangegelbem Grunde unregelmässige schwärzliche bis blaugraue Flecken.

Demgegenüber erscheint die Rotbauchige Unke oberseits von dunkel-, oliven-, asch- oder braungrauer Farbe, von der sich deutlicher kleinere schwarze, un-

Bombinator igneus, Laur., Rotbauchige Unke am Rande eines Tümpels
Nur der Vorderkörper ragt über den Wasserspiegel hervor

regelmässig stehende oder oft auch zu Reihen angeordnete Flecken abheben. Die Unterseite ist lebhaft
orange- bis scharlachrot gefärbt und unregelmässig stahl-
blau bis blauschwarz gefleckt und dazu mit eingestreuten
weissen Punkten gezeichnet. Während bei der gelb-
bauchigen Unke auf der Unterseite das Gelb vorherrscht,
tritt bei dem Rotbauch das Orange bis Scharlachrot
hinter dem Stahl- bezw. Blauschwarz meistens so auffallend zurück, dass das letztere die Grundfarbe zu
bilden scheint. Sonst unterscheidet sich die Rotbauchunke von der Bergunke noch durch ihren schlankeren
Körperbau und ihre etwas geringere Grösse; sie wird
nur bis höchstens 4,5 cm lang. Die Beine sind dünner
und schlanker als bei jener, die Haut glatter als bei
der Bergunke und die diese besetzenden Warzen spärlicher vorhanden und auch kleiner ausgebildet. Sie

erreichen auch nicht die kegelförmige Gestalt, sind vielmehr abgeflacht und statt mit Hornstacheln mit rinden-
artigen, dunklen Hornhöckerchen besetzt. Die Haut
des Gelbbauches ist unterseits nur mit ganz flachen
Hornhöckerchen besetzt und erscheint daher auch nur
wenig uneben, fast glatt, die der Rotbauchunke bietet
sich ähnlich dar, nur dass bei ihr die Hornhöckerchen
noch flacher, dafür aber dichter gesät sind. —

Während die Gelbbauchunke eine westliche bis
südliche Form ist und dem Berg- und Hügellande den
Vorzug gibt, ist der Rotbauch eine ausgesprochene
nördliche bis östliche, die Tiefländer bezw. die Ebene
bewohnende Art. Der Verbreitungsbezirk der ersteren
umfasst die westlichen und südlichen Länder unseres
Erdteiles und in unserem Vaterland den ganzen Süden
und das hügelige und gebirgige Mittel- und Nord-
deutschland, die letztere dagegen bewohnt Dänemark,
Südschweden, Mittelrussland und kommt in Deutschland
im norddeutschen Flachland vor. In Österreich kennen
wir sie aus Böhmen und Niederösterreich, sie verbreitet
sich von hier aus noch über Ungarn, Siebenbürgen und
Rumänien. Doch sind wir über die genauen Ver-
breitungsgrenzen beider Arten bei weitem noch nicht
mit wünschenswerter Klarheit unterrichtet. —

Unsere beiden Unken sind auf das Wasser angewiesen und halten sich mit Ausnahme der Zeit der
Winterruhe ausschliesslich in diesem auf, kurze, nach
Stunden berechnete Zeiten abgerechnet, wo sie sich
meist nahrungsuchend am Ufer umhertreiben. Freilich
meiden sie alle ausgedehnteren Teiche und Seen; kleine
Weiher und Teiche mit abgestorbenen, modernden
Pflanzenresten am Grunde, Tümpel, Lachen und Wasser-
ansammlungen in Steinbrüchen und Gruben, Brüche,
Torf- und Moorlöcher, Wassergräben, ja sogar Mist-
pfützen in Dörfern wählen sie zu ihren Aufenthalts-

orten. Nur die Bergunke geht auch einmal in ein kleineres fliessendes Gewässer und kommt in Gebirgsgegenden sogar auch in klaren und kalten Quellen vor. In der Regel liegen sie, den Körper flach zusammengedrückt auf dem Wasserspiegel oder sitzen zwischen Wasserpflanzen, nur mit dem Kopf aus dem Wasser ragend. Bei drohender Gefahr verschwinden sie eiligst in die Tiefe der Gewässer und suchen sich am Grunde zu verbergen. Überrascht man sie am Lande, so artet ihre Flucht in ein ungeschickt aussehendes, eiliges und überhastetes Forthüpfen aus, das, wenn sie das rettende Wasser nicht mehr erreichen können, in der Regel damit endet, dass sie entweder den Kopf zurückbiegen und die Vorderbeine über den Hals legen oder sich auf den Rücken werfen. Ihrer Nahrung gehen sie hauptsächlich des Morgens und Abends nach. Regen und andere Würmer scheinen ihre Lieblingsnahrung zu bilden; hat eine Unke einen solchen erblickt, so hüpft sie mit allerhand Kapriolen auf ihn zu und überkugelt sich in ihrem Eifer dabei oft. Das Verschlingen geschieht unter auffallenden Schluckbewegungen und Schliessen der Augen; ist das Nahrungstier verschluckt, so wird mit den Vorderfüssen das Maul abgewischt. Die Stimme der Unke ist keine unangenehme und von derjenigen anderer Lurche sofort zu unterscheiden. Sie klingt, wenn eine grössere Anzahl der Tiere ihr Lied anstimmt, sehr melodienreich, und lässt sich mit der einfachen, aber in den verschiedensten Variationen und Tonabstufungen vorgetragenen Silbe „unk" wiedergeben.

Ihren Winterschlaf verbringen die Unken gesellig oder mit anderen Kröten am Lande unter Baumwurzeln, Moos und Steinen, in Erdlöchern u. a. m. Sie verlassen dazu in der Regel im Oktober ihren gewöhnlichen Aufenthaltsort, das Wasser, und wandern, bis sie entweder in der Nähe ihrer Sommerwohnstätte oder auch weit

entfernt von dieser ein geeignetes Quartier gefunden
haben. Das Verlassen des Winterquartiers erfolgt Mitte
oder Ende April und nur unter besonders günstigen Umständen auch schon früher. Die Paarung geschieht bei
der Bergunke im Mai, beim Rotbauch in der Regel
aber erst im Juni. Der Laich geht in einzelnen Klümpchen
ab und sinkt zu Boden; bleibt aber auch häufig an den
Stengeln von Wasserpflanzen haften. Die jungen, etwa
6 mm messenden Larven schlüpfen nach ungefähr einer
Woche aus, sie wachsen in 8 bis 9 Wochen zu einer
Länge von $3\frac{1}{2}$ bis $5\frac{1}{2}$ cm heran und verwandeln sich
dann in die jungen, etwa $1\frac{1}{2}$ cm messenden Unken.

Die zweite Gattung der Scheibenzüngler bilden
die Fessler, *Alytes*, die bei uns nur eine Art, die Geburtshelferkröte, *Alytes obstetricans* (*Laur.*), umfassen.

Die Fessler sind krötenartige Tiere mit breitem,
flachem Kopfe und stark gewölbter Schnauze; die Augen
treten stark hervor, die senkrechte Pupille ist in der
Mitte erweitert. Das rundliche Trommelfell erscheint
ziemlich gross und tritt deutlich hervor. Die immer
vorhandene Ohrdrüsenwulst ist länglich, die Zunge
scheibenförmig und in ihrem hinteren Teile ganzrandig.
Die Zehen der Hinterfüsse sind mit unvollkommenen
(Drittels-) Schwimmhäuten ausgerüstet; die Körperhaut ist
mässig warzig.

Die in Deutschland vorkommende Art dieser
Gattung, die Geburtshelferkröte, *Alytes obstetricans*
(*Laur.*), besitzt zwei Eigenheiten, die sie vor allen Tieren
ihrer Ordnung auszeichnet: das sind die Art des Fort-
pflanzungsgeschäftes und die glockenhelle Stimme. Nach
dem Verlassen der Winterherberge, das in der Regel
bereits um Mitte März erfolgt, beginnen die Männchen

zu rufen und verschreiten bald darauf zur Paarung, die im Gegensatz zu allen anderen Froschlurchen am Lande stattfindet. Das Männchen umfasst das Weibchen um die Lenden und reibt mit den Zehen dessen After, presst schliesslich den Leib des letzteren zusammen und bewirkt dadurch den Austritt des schnurförmig abgehenden Laiches. Diesen wickelt sich das Männchen um die Hinterfüsse und verlässt damit das Weibchen. Die Zahl der Eier beträgt durchschnittlich 40 bis 50, sinkt aber auch unter diese Zahl herunter und kann umgekehrt auch Hundert wieder übersteigen. Sie sind etwa hirsekorngross und werden vom Männchen etwa 3 bis 7 Wochen mit sich herumgetragen und nach dieser Zeit — die Larven haben im Ei bereits die ersten Stadien ihrer Entwicklung durchgemacht — im Wasser abgesetzt. Hier entschlüpfen ihnen die letzteren, die bis zum Herbst auf etwa 5 cm heranwachsen und dann überwintern, um im nächsten Frühjahr sich noch weiter zu entwickeln und endlich im Juni und Juli als etwa $2^1/_2$ cm grosse Kröten das Wasser zu verlassen. Die Stimme, die das Männchen vom März bis in den August hinein des Abends und die Nacht hindurch bis zum frühen Morgen ertönen lässt, ist überaus klangvoll und ähnelt täuschend dem Tone eines feinen Glöckchens. Sie ist es wohl gewesen, die manche Mär von einer versunkenen Kirche, einem versunkenen Orte hat entstehen lassen und man kann daher auch aus solchen Sagen auf das Vorhandensein, vielleicht auch auf ein früheres Vorkommen unserer Art schliessen. —

Die Grösse der Geburtshelferkröte schwankt zwischen 4 und 5 cm. Ihr Körper ist krötenartig, wenn auch nicht ganz so plump wie der der echten Kröten. Der Kopf ist abgerundet dreieckig, etwas breiter als lang, die Vorderbeine sind kurz und etwa von der Länge des Rumpfes, die Hinterbeine länger, sie reichen, nach vorn gestreckt, oft um die Länge des Fusses über die Schnauzenspitze hinaus. Die Färbung der Oberseite ist ein Grau mit Abtönungen oft ins Blaue, Grünliche, Gelbliche und Braune, von dem sich weissgelbliche und schwarze Warzen abheben. Längs des Rückens verlaufen zwei gelbliche, mit roten Pünktchen besetzte Seitenwülste. Die Unterseite ist weisslich bis hellgrau und an der Kehle, den Seiten und um den After schwarz gefleckt und gepunktet.

Die Geburtshelferkröte ist eine echte Landbewohnerin und hält sich tagsüber in Erd- und Baumhöhlen, unter Steinen usw., sowie auch ausnahmsweise in selbstgegrabenen Löchern auf. Nie kommt sie aus ihren Verstecken vor Sonnenuntergang hervor, sie ist in ihrer Lebensweise Dämmerungs- und Nachttier. In ihren Bewegungen ist sie nicht ungewandt, sie kann Sprünge von 30 cm Weite machen und erhascht ihre Beute nicht selten auch nach Art der Knoblauchskröte und der Unken im Sprunge. Die Nahrung stimmt mit der aller anderen Kröten überein und unsere Art gehört daher gleich jenen zu den nützlichen Tieren.

Der Winterschlaf beginnt im Oktober, sein Ende erfolgt im März, worauf die schon geschilderte Paarung vor sich geht.

Die Geburtshelferkröte ist eine westeuropäische Art und von nur kleinem Verbreitungsbezirk. In Deutschland ist sie nur in dem mittleren, sich vom Rhein bis nach dem Harze ziehenden Teile zu finden.

Die zweite Ordnung der Lurche bilden die Schwanzlurche, *Urodela*, Tiere von langgestrecktem, eidechsenähnlichem Körper, der stets 4 kurze Beine und einen Schwanz besitzt.

Der Rumpf ist rundlich, walzenförmig; von ihm setzt sich immer deutlich der Schwanz und deutlicher als bei den Froschlurchen auch der Kopf ab. Der Kopf ist breit und flach, mehr oder weniger verlängert und endigt in der bei unseren deutschen Arten abgerundeten oder abgestutzten Schnauze. Die Augen sind gross oder klein und verkümmert, mit oder ohne Lider. Ein Trommelfell ist nie sichtbar. Die Zunge ist mässig oder ziemlich gross, rundlich oder längs der Mitte ihrer Unterseite in der Mundhöhle angewachsen. Die Beine sind kurz und wenig kräftig, sie befähigen das Tier am Erdboden nur zu einem langsameren Dahinkriechen, leisten ihm aber dafür beim Schwimmen vorzügliche Dienste. Die Vorderbeine der deutschen Schwanzlurche besitzen vier, die Hinterbeine fünf Zehen. Der Schwanz ist im Durchschnitt körperlang und rund bei den Landmolchen, seitlich zusammengedrückt und als Ruder- und Steuerschwanz ausgebildet bei den Wassermolchen. Die Haut ist stets nackt, glatt oder warzig. Die Atmung geschieht bei den entwickelten Tieren stets durch Lungen, bei den Larven dagegen durch die Kiemen.

Die Schwanzlurche pflanzen sich entweder durch Eier fort, aus denen den Eltern bereits ziemlich ähnliche Larven hervorgehen, oder sie bringen, wie wir früher schon kurz hörten und worauf wir eingehender noch zu reden kommen, bereits entwickelte, lebende Larven oder Junge zur Welt.

Sie sind entweder Land- oder Wasserbewohner und bevorzugen in letzterem Falle zu ihrem Aufenthalte stehende, weniger häufig dagegen langsam fliessende Gewässer, verlassen während des Sommers gern auch das Wasser, um sich am Lande in dunklen, feuchten Verstecken (unter Steinen, Moos u. a. m.) aufzuhalten. Im Wasser sind sie ziemlich beweglich und gewandt, am Lande dagegen recht schwerfällig. Sie sind über-

aus gefrässig und stellen mit grossem Eifer allerhand
schädlichen Insekten, Würmern u. dgl. mehr nach, fallen
sich wohl auch einmal gegenseitig an oder geraten ausnahmsweise über einen kleineren Fisch oder Fischlaich.

Die Schwanzlurche bilden in Deutschland eine
Familie, die Salamander, *Salamandridae*, mit zwei
Gattungen, nämlich die der Landmolche, *Salamandra*,
und die der Wassermolche oder Tritonen, *Triton*.

Die Landmolche, *Salamandra*, sind plumpe und
schwerfällige Tiere, deren Körper durch Querwülste geringelt erscheint. Der Kopf ist dick und flach, die
Augen sind gross und mit dunkler Iris. In der Ohren-
gegend befindet sich eine deutliche, grosse Drüsenwulst.
Der Schwanz ist rund, kegelförmig und an seinem
Ende zugerundet; er besitzt die gleichen Querwülste
wie der Rumpf. Die Beine sind kräftiger als bei den
Wassermolchen; die Haut ist weich und glänzend und
besitzt viele Drüsenöffnungen, aus denen die Tiere
reichlich ein weissliches, klebriges Sekret absondern.
Die Landmolche sind, wie ja ihr Name genugsam
ausdrückt, Landbewohner; bedürfen aber sehr der Luft-
feuchtigkeit und halten sich daher auch nur an feuchten
Orten, in schattigen Wäldern, Quell- und Bergtälern usw.
auf. Tagsüber in der Regel in ihren feuchten, dunklen
Verstecken verborgen, verlassen sie diese nach einem
warmen Regen oder des Nachts, um Jagd auf Würmer,
Schnecken und ähnliches, sich nur langsam am Boden
dahinbewegendes Getier zu machen. Sie sind dadurch
recht nützliche und der Schonung bedürftige Geschöpfe.
In Deutschland sind die Landmolche durch zwei
Arten vertreten, den Feuersalamander, *Salamandra*

Salamandra maculosa, Laur., **Feuersalamander**

maculosa, Laur., und den Alpensalamander, *Salamandra atra, Laur.*

Der Feuersalamander, *Salamandra maculosa*, dessen Gestalt und Körperbau bereits aus der vorstehenden Gattungsschilderung hervorgeht, wird 15 bis gegen 23 cm lang und ist von glänzender tiefschwarzer Farbe, von der sich stets scharf leuchtend orange- bis schwefelgelbe, mehr oder weniger reichlich vorhandene Flecken abheben. Diese Flecken können auf der Rückseite zu zwei ausgeprägten Längsbinden zusammenfliessen (*var. taeniata*) oder auch, sie bilden deren vier, auf den Rücken und an den Seiten angeordnete (*var. quadri-virgata*).

Der Feuersalamander ist ein Bewohner des Berg- und Hügellandes und in den Mittelmeer- und zentraleuropäischen Ländern zu Hause. In Deutschland ist er ziemlich häufig, obwohl sein Vorkommen von seiner Neigung eben für das Berg- und Hügelland abhängig ist. Immerhin ist er mancherorts aus dem Gebirge in

die Ebene vorgedrungen und hat sich hier in grösseren
Waldungen angesiedelt. So ist er, um nur ein Beispiel
zu nennen, vom Haarstrang und der Egge in Teile
der Münsterländischen Ebene eingewandert und kommt
da mancherorts gar nicht selten vor. Allerdings muss
die Lokalität, die er bewohnt, schattig und feucht sein,
grelles Licht und Trockenheit sind ihm zuwider.
Feuchte Wälder und Gehölze, Schluchten und Täler,
wo er sich tagsüber unter Wurzeln und Steinen, in
Erd- und Felshöhlen, unter Moos und ähnlichem mehr
verbergen kann, sind seine liebsten Aufenthaltsorte. Er
ist ein recht plumpes und ungeschicktes Tier, und langsam und unbeholfen wie er ist, nähert er sich auch den
Beutetieren, die er durch einen verhältnismässig raschen
Vorstoss des Kopfes erhascht. Wenn es mit seiner Intelligenz auch nicht weit her ist, so bekundet er doch,
wie DÜRIGEN schreibt, wenn es sich um sein leibliches
Wohl handelt, einen gewissen Grad von Bedachtsamkeit
und Gedächtnis. „Er merkt sich mit der Zeit den
regelmässigen Futterplatz gar wohl und stellt sich dort
zur Abendzeit ein; unterbleibt dann mal einige Tage
die Verabfolgung von Nahrung, so kehrt er der betreffenden Stelle den Rücken." Im Spätherbst zieht er
sich an frostfreie Orte unter der Erde zum Winterschlaf
zurück und kommt je nach der Witterung im März
oder April wieder zum Vorschein. Jedoch habe ich
auch einmal am 26. Dezember einen Feuersalamander
an einer Waldquelle angetroffen und wiederholt Tiere
schon ausgangs Februar im Freien gefunden.

Die Paarung, über deren Einzelheiten man sich
bis in die neueste Zeit hinein im unklaren war, scheint
beim Feuersalamander an keine bestimmte Zeit gebunden
zu sein, sie findet im Frühjahr sowohl wie im Sommer
statt. Das Verhalten der Tiere beim Begattungsakt hat
zuerst Dr. E. ZELLER beobachtet und beschrieben. Nach

Salamandra maculosa, Laur., Feuersalamander

seiner Schilderung kroch das Männchen, zunächst auf dem
Lande, später auch im Wasser an das Weibchen heran,
berührte es in der Nähe der Kloake mit der Schnauze,
drängte sich mit seinem Kopfe zwischen den Hinterbeinen
des Weibchens hindurch und schob sich unter dessen
Bauche vorwärts bis zu dessen Kopfe. Alsdann legte
es seine Vorderbeine von unten und hinten her um die
Vorderbeine des Weibchens, hielt es auf diese Weise
fest und schleppte es kriechend und schwimmend mit
sich herum. Der genannte Forscher beobachtete auch,
dass während der Umarmung die Weibchen einzelne
Junge ausstiessen. Die vom Männchen stets im Wasser
abgegebenen Samensäckchen werden vom Weibchen in
die Kloake aufgenommen und in der Samentasche auf-
gespeichert, die Befruchtung der Eier durch sie erfolgt
im darauffolgenden Jahre, worauf ein weiteres Jahr bis
zur Absetzung der Larven vergeht, die ihrerseits wieder
wenigstens zwei Jahre bedürfen, ehe sie geschlechtsreif

werden. Die Absetzung der Larven erfolgt stets in kühlen, fliessenden Gewässern, in klaren Quellen und Bächen oder in beschatteten von einer Quelle oder einem Bach durchflossenen kleineren Tümpeln enger Schluchten. Die Larven, von denen das Weibchen 10 bis 40 oder auch noch mehr im Verlauf einiger Stunden oder Tage absetzt, sind $2^1/_2$ bis 3 cm lang und bereits mit Gliedmassen ausgerüstet. Sie sind von schwärzlichgrauer Farbe und beginnen unter normalen Verhältnissen nach etwa 3 Monaten, wenn sie etwa 5 bis 6 cm messen, die gelben Flecke zu bilden, Anzeichen, dass sie bald die Landform annehmen werden. Die jungen Salamander besitzen die Gestalt und Farbe der Eltern und suchen sofort, wenn sie das Wasser verlassen haben, dunkle, feuchte Schlupfwinkel auf, die sie zunächst nur des Nachts und erst bei fortgeschrittenem Wachstum nach einem warmen Regen auch tagsüber verlassen.

Der Alpensalamander. *Salamandra atra, Laur.*, unterscheidet sich vom Feuersalamander sofort durch seine geringere, nur 10 bis 13 cm betragende Grösse und seine glänzend tiefschwarze, von keinerlei hellerem Ton unterbrochene Farbe. Ausserdem ist der Kopf länger und weniger breit als bei *maculosa* und der Schwanz fast vierkantig.

„Der Alpensalamander hat unter all unseren Amphibien und Reptilien den engsten Wohnkreis, denn er beschränkt sich ausschliesslich auf die Alpen von Savoyen und Piemont im Westen bis Oberösterreich und Steiermark im Osten, und von Piemont und Krain im Süden bis Oberschwaben und Oberbayern und Österreich im Norden" (DÜRIGEN). In unserem Vaterlande kommt er nur in den oberbayerischen Alpenzügen und in Württemberg an der Adelegg bei Isny vor. Im Schwarzwald hat man aus der Schweiz und dem Allgäu bezogene Tiere ausgesetzt, die sich an ihren neuen Wohnorten anscheinend recht gut eingebürgert haben. Er findet sich nie in Höhen unter 600 m und steigt bis zu 3000 m empor, während sein Vetter, der Feuersalamander, nur bis 1250 m hoch gefunden worden ist.

In bezug auf die Fortpflanzungsgeschichte nimmt er unter seiner gesamten Sippe eine noch eigenere Stellung ein als wie der Feuersalamander. Denn während dieser seine im Mutterleibe herangereiften Larven noch ins Wasser absetzt, wo sie ihre Entwicklung beenden müssen, erfolgt beim Alpensalamander die Entwicklung der Larven bis zum fertigen oder nahezu fertigen, jungen Salamander im Mutterleibe. Die Paarungsvorgänge, die in der Regel im Juli und August sich vollziehen, sind ähnliche wie beim Feuersalamander, die Dauer der Trächtigkeit, d. h. die Zeit von der Befruchtung bis zur Geburt der Jungen ist aber länger als wie bei *maculosa*. Die Jungen müssen im Mutterleibe alle Larvenzustände durchmachen und sind u. a. mit ganz besonders grossen Kiemenbüscheln ausgerüstet, kommen aber ohne diese als etwa 5 cm lange Tierchen zur Welt.

In seiner sonstigen Lebensweise, seinem Wesen ähnelt der Alpensalamander ganz seinem Vetter, so dass wir hier nicht besonders darauf einzugehen brauchen.

Die zweite Gattung der Salamander bilden die Wassermolche, *Triton*, die sich von ihren Vettern, den Landmolchen, sofort auseinander halten lassen.

Denn ihr Körper ist gestreckter und schlanker, die Beine viel weniger kräftig und der etwa körperlange Schwanz seitlich zusammengedrückt, also zu einem deutlichen Ruderschwanz ausgebildet. Die Haut ist entweder

vollständig glatt oder (im Landkleid) mehr oder wenig
körnig, mit zahlreichen Drüsen besetzt.

Zur Paarungszeit entwickelt sich beim Männchen
auf dem Rücken ein je nach der Art verschiedener,
gezackter, gewellter oder glatter leistenförmiger Hautkamm, der sich längs der Schwanzkante fortsetzt. Endlich bilden sich, indem gleichzeitig auch die Farben
leuchtendere werden, an den Zehen der Hinterfüsse Haut-
säume oder Schwimmhäute.

Die Wassermolche sind in Deutschland durch den
Kammmolch, *Triton cristatus Laur.*, den Bergmolch.
Triton alpestris Laur., den Streifenmolch, *Triton vul-
garis* (*L.*) und den Leistenmolch, *Triton paradoxus
(Razoum.)* vertreten.

Der Kammmolch, *Triton cristatus, Laur.*, ist der
grösste der deutschen Tritonen und erreicht eine Länge
von 12 bis 17 cm. Der Körper ist gestreckt und kräftig,
in der Mitte etwas aufgetrieben; der Kopf flach und
breit, „krötenartig“, und vom Rumpfe wenig abgesetzt,
aber durch eine namentlich beim Männchen deutliche
Kehlfalte getrennt. Die Zunge ist rund, die Haut
warzenartig gekörnt. Die Warzen treten namentlich
nach der Fortpflanzung (wenn die Tiere ihr „Landkleid“ tragen) auffallend in Erscheinung. Der zur
Paarungszeit beim Männchen entwickelte Rückenkamm
beginnt vor den Augen, erhöht sich auf dem Rücken
bedeutend und ist hier stark ausgezackt; erfährt über
der Schwanzwurzel eine Unterbrechung und setzt sich
auf dem Schwanze, leicht wellig gerundet, bis kurz vor
die Spitze des letzteren fort. Die Unterseite des
Schwanzes besitzt einen ungezähnten Hautkamm. Das
Tier ist oberseits dunkel grünlichgrau, grünlichbraun,
blaugrau bis fast schwarz gefärbt und mit schwarzen,

Triton cristatus, Laur., **Kammmolch** im Landkleid

infolge der dunklen Grundfarbe aber schwer erkennbaren
Flecken gezeichnet. Dazu gesellen sich, namentlich an
der Kehle, den Körperseiten und der unteren Schwanzkante zahlreiche weisse, dichtgesäte Pünktchen. Der
Kopf erscheint etwas heller und ist dunkel marmoriert.
Die Unterseite ist lebhaft gelb oder orange gefärbt und
mit schwarzen unregelmässigen Flecken gezeichnet. Die
Zehen sind schwarz und gelb geringelt. Zur Paarungszeit
nehmen die Farben, namentlich beim Männchen, hellere,
leuchtendere Töne an und es erscheint bei diesen ausserdem noch an beiden Schwanzseiten ein silber- oder perl-
mutterartiger Längsstreifen. — Die Larven sind oberseits
anfangs gelbgrün, unterseits weisslich gefärbt und besitzen
schöne, rote Kiemenbüschel. Nach wenigen Wochen wird
die Oberseite durch auftretende Flecken und Bänder
dunkler, bis sich endlich mit fortschreitender Entwick-

lung allmählich eine den Eltern ähnliche Färbung heran-
bildet. Der lanzettförmige Schwanz läuft, wenn die Larven
etwa 8 bis 9 Wochen alt sind, in einen fadenförmigen,
an den Teichmolch erinnernden Anhang aus. Nach
ihrer Umwandlung messen die Jungen etwa 6 bis 8 cm,
sie zeichnen sich durch eine orangegelbe, vom Kopf
bis zur Schwanzmitte verlaufende Rückgratslinie aus.

Der Bergmolch, *Triton alpestris, Laur.*, ist erheblich
kleiner als der vorige und misst 7 bis 10 cm. Der
Körper ist kräftig und gedrungen gebaut, der Kopf
vom Rumpf kaum abgesetzt, breit und etwas dicker,
noch mehr „krötenartiger" als derjenige der vorigen
Art: der Schwanz ist an der Wurzel ziemlich dick, im
weiteren Verlaufe seitlich aber stark zusammengedrückt
und endet lanzettartig in eine Spitze. Die Haut ist
glatt, nach der Fortpflanzungszeit aber überaus fein-
körnig beim Männchen und grobkörnig beim Weibchen.
Der Rückenkamm des Männchens zur Paarungszeit beginnt auf dem Kopfe und setzt sich gleichmässig hoch
ohne jede Unterbrechung bis zum Schwanze hin fort,
er ist von abwechselnd schwarzer und gelber Farbe
und sieht einer schwarzgelben Perlenschnur nicht un-
ähnlich. Die Färbung des Bergmolches oberseits ist
ein Schiefergrau, das aber allerhand hellere und dunklere
graue, bläuliche und braune Abtönungen annehmen
kann und mit dunkleren bräunlichen und schwärzlichen,
bald unregelmässig verteilten, bald netzartig angeordneten Flecken gezeichnet ist. Die Unterseite ist leuchtend orange- bis feuerrot oder auch safrangelb gefärbt
und höchstens an der Kehle spärlich dunkel gefleckt.
Nach der Oberseite zu wird sie durch eine oder mehrere
Reihen kleiner dunkler Fleckchen abgegrenzt. Zur
Paarungszeit nimmt das Schiefergrau des Männchens
gern einen schieferblauen Ton an, auf denen oft zackige,
braune Flecken und schwarze Punkte auftreten, während

Triton alpestris, Laur., Bergmolch, einen Wassertümpel verlassend

sich zu den Fleckenreihen an der Grenze von Ober- und
Unterseite eine grau-, bläulich- oder gelblichweisse Längsbinde gesellt, die von dem Rot der Unterseite durch einen
reinblauen Streifen abgegrenzt ist. Die Larven des Bergmolches lassen sich leicht mit denen anderer Arten verwechseln, sie sind anfangs von bräunlicher Farbe und
auf dem Rücken mit dunklen Längsstreifen gezeichnet,
nehmen aber bald einen olivenbraunen Ton an, wobei der Schwanz dunkel genetzt oder marmoriert erscheint; später entstehen weisse Seitenfleckchen, die sich
allmählich zu einem hellen Seitenstreifen heranbilden,
während auf dem Rücken ein gelblicher Längsstreifen
auftritt, bis sich endlich die Larven in junge Molche
umgewandelt haben.

Der Streifenmolch, *Triton vulgaris* (*L.*), ist der
kleinste unserer Tritonen und wird nur 6 bis 8 cm
lang. Er ist schmächtiger und schlanker gebaut, als
seine vorbesprochenen Gattungsgenossen. Der Kopf ist
länger als breit, nicht so flach und stumpf und nach

vorn zugespitzt, also „froschähnlicher". Auf seiner
Oberseite sind seitlich je eine gut sichtbare Doppel-
reihe vertiefter Drüsen und Poren sichtbar. Die Zunge
ist dick und rundlich und hinten mit einem stielartigen
Anhang versehen. Der Schwanz ist seitlich stark zusammengedrückt und verläuft ganz allmählich in eine
feine, lange und fadenartige Spitze. Der Hochzeitskamm
des Männchens beginnt in der Nackengegend und setzt
sich, nach und nach höher werdend, ohne Unterbrechung
bis zum Schwanze hin fort, er ist aber nicht wie beim
Kammmolch gezackt oder wie der des Bergmolches glatt,
sondern an seinem Rande gekerbt. Unterseits des
Schwanzes tritt, wie bei den vorerwähnten Arten auch,
gleichfalls ein Saum von oft verhältnismässig nicht un-
beträchtlicher Grösse auf, so dass der Schwanz an seiner
breitesten Stelle eine Höhe von etwa $1\frac{1}{2}$ cm erlangen
kann. Ausserdem bilden sich auch an den Zehen der
Hinterfüsse, im Gegensatz zu *Triton cristatus* und *Triton
alpestris*, lappenartige Hautanhänge. Das Weibchen besitzt an Stelle des Hautkammes zur Paarungszeit längs
des Rückens eine niedere Hautleiste, die sich aber über
den Schwanz bedeutend erhöht. Die Färbung unserer
Tiere an der Oberseite ist ein Olivengrün bezw. Olivenbraun, das bald mehr ins gelbliche, bald mehr ins
Graue übergeht. Nach den Seiten zu wird die Farbe
heller, ins weisslichgelbe, bisweilen perlmutterglänzende
spielend, um sich schliesslich unterseits in einen gelblichen, nach der Bauchmitte zu mehr oder weniger
kräftigen orangefarbenen Ton zu verwandeln. Die Oberseite
des Männchens ist mit regelmässig oder unregelmässig
stehenden Punkten und Flecken gezeichnet, die beim
Weibchen leicht zu Längsbinden und welligen Linien
zusammenfliessen. Zur Paarungszeit wird beim Männchen die Grundfarbe lebhafter, die Flecken schärfer,
das Orange feuriger; der Kopf erscheint gestrichelt, der

Schwanz unterseits orange, das nach oben beiderseits durch einen schönen blauen Streifen abgegrenzt ist. Die Larven, schlankgebaut, sind anfangs weisslich, nach kurzer Zeit aber hellolivenfarben und mit braunen Pünktchen oft so dicht gezeichnet, dass die Grundfarbe zurückgedrängt erscheint; später dunkeln sie bedeutend nach.

Der Leistenmolch, *Triton paradoxus (Razoum.)*, wird nur um ein geringes (Länge 6,5 bis 8,5 cm) grösser als sein vorbeschriebener Vetter und ähnelt ihm auch sonst ungemein. Nur erscheint sein Rumpf eckiger, der Kopf etwas gedrungener und die Schnauze breiter. Zu beiden Seiten des flachen Rückens läuft eine deutliche, leistenartig vorspringende Kante. Der Schwanz ist seitlich stark zusammengedrückt, sein Ende gerundet und mit einem fadenartigem Anhang versehen, der aus dem Ende frei und scharf hervorgeht: ein wesentlicher Unterschied gegenüber anderen Arten. Die Haut ist glatt und die Färbung oberseits gelblich- bis olivenbraun, oft mit einen schwachen goldglänzenden Schimmer. Von ihr heben sich mehr oder weniger deutlich dunklere, bis schwarze Flecke, Punkte und Strichelchen ab. Die Unterseite ist gelblich bis schwach orangefarben und in der Regel einfarbig. Zur Paarungszeit werden die Farben der Oberseite etwas dunkler, die Zeichnungen treten meistens deutlicher hervor, während die Unterseite in einem lebhafteren Orange erstrahlt. An Stelle des Rückenkammes erhält das Männchen eine niedere Hautleiste, die sich ohne Unterbrechung nach dem Schwanz fortsetzt und sich über diesen flossenartig erhebt. Dagegen stellen sich sehr entwickelte Schwimmhäute zwischen den Zehen der Hinterfüsse ein und ausserdem verlängert sich der Schwanzfortsatz um ein erhebliches. Die Larven lassen sich nur schwer von denen des Streifenmolches unterscheiden: sie sind hell lederbraun gefärbt und mit einem dunklen Streifen längs der Rückenmitte gezeichnet. Mit zunehmender Entwicklung treten bei den männlichen die Seitenkanten und der Schwanz hervor, bis gegen das Ende der Umwandlung die Gestalt und Farbe der Eltern immer mehr zur Geltung kommt. —

Der Verbreitungsbezirk der Wassermolche ist kein kleiner. Der Kammmolch fehlt mit Ausnahme von Spanien und Portugal keinem europäischen Lande, er geht über die Grenzen unseres Erdteiles aber nur im Südosten hinaus, indem er dort den Kaukasus überschreitet. Im Norden begrenzt der 60. Breitengrad sein Verbreitungsgebiet. In Deutschland fehlt er nur in den höheren, rauhen Lagen der Gebirge und wird strichweise auch in der Ebene vermisst. — Der Bergmolch besitzt einen viel kleineren Verbreitungsbezirk, er ist eine ausgeprägt mitteleuropäische Art und meidet das Flachland zugunsten des Berg- und Hügellandes. Er steigt in den Gebirgen bis zu 2500 m empor, während sein vorerwähnter Vetter nie bis über 1500 m hoch geht. In Deutschland ist er, wenn auch nicht immer gleichmässig verbreitet, in den Hügel-, Berg- und Gebirgsländern fast immer zu finden. — Der Verbreitungsbezirk des Streifenmolches dagegen ist wieder ein ausgedehnterer, er deckt sich ungefähr mit dem des Kammmolches, reicht aber um über 3 Grad weiter nach Norden hinauf. In Deutschland ist er fast überall zu finden, er ist hier die häufigste Art und übertrifft an Zahl den Kammmolch um ein merkliches. Dagegen bildet der Leistenmolch eine ausgesprochene westeuropäische Art, die in unserem Vaterlande hauptsächlich auch nur auf den Südwesten, Westen und Nordwesten beschränkt ist, sich stellenweise aber auch über mitteldeutsche Gebiete verbreitet hat.

Unsere Molche sind Wasserbewohner, ziehen sich aber, nachdem sie nach der Paarungszeit auf einige Monate im feuchten Element ihr Wesen getrieben haben, meist in kleinen Gesellschaften an das Land zurück, wo sie dunkle und feuchte Orte, Ufer-, Erd- und Baumhöhlen, Steinhaufen, Felsspalten, Keller Brunnen u. a. m. beziehen, um hier Sommer und Herbst zu verleben. Nur ab und zu, wenn sie Nahrung brauchen, kommen sie daraus hervor. Die letztere besteht in allerhand kleinerem Getier und Gewürm des Wassers, aber auch jungen Fischen, Larven der eigenen Gattung und fremder Arten usw. Während ihres Wasserlebens sind sie unglaublich gefrässig, zur Zeit des Landaufenthaltes dagegen nehmen sie bedeutend weniger, zumeist wohl Regenwürmer, Schnecken und ähnliches mehr zu sich. So flink und beweglich sie im Wasser sind, so langsam und unbeholfen bewegen sie sich am Lande dahin. Ihren Winterschlat halten sie an den gleichen oder an ähnlichen Orten ihres sommerlichen Landaufenthaltes ab; sie beenden ihn frühzeitig und sind oft schon ausgangs Februar, in der Regel aber erst im März, in stehenden und auch fliessenden Gewässern anzutreffen, wo sie alsbald mit ihren Liebesspielen beginnen. Diese werden allerdings stark von dem Wetter beeinflusst und können daher oft schon im Februar, aber auch vielfach erst im Mai stattfinden und dementsprechend geschieht auch die Ablage des Laiches bald früher, bald später. Die Eier werden unter normalen Verhältnissen einzeln abgelegt und vom Weibchen an Wasserpflanzen angeheftet. Ihre Zahl beträgt 7 bis 24 Stück und ihre Gestalt ist kugelrund. Innerhalb etwas weniger als zwei bis drei Wochen schlüpfen aus ihnen die Larven aus, die sich in drei bis vier Monaten zu jungen Molchen entwickeln.